CONTRAPORTADA

La historia de Margarita es la historia de una niña que vivió asediada por el ambiente del conflicto armado interno de Guatemala, y se puede comparar con la historia de cualquier niño que ha vivido los embates de un enfrentamiento bélico; desde su punto de vista, recuerda cómo sufrió la violencia, la problemática política, las muertes y el constante miedo de vivir en un país en guerra.

Esta historia es una muestra del daño emocional que una guerra siembra en el alma y el espíritu de un niño, las secuelas que lleva durante su vida, ocasionadas por todos esos traumas y vivencias negativas que le toca soportar debido a la irresponsabilidad de los adultos que solamente satisfacen sus frustraciones personales y sus deseos de pleito y crecimiento económico, a costo de lastimar a toda una generación de aquellos que están en medio de la guerra.

LOS DE EN MEDIO DE LA GUERRA

EDITH WU-BI

BALBOA.
PRESS
A DIVISION OF HAY HOUSE

Puede hacer pedidos de libros de Balboa Press en
librerías o poniéndose en contacto con:

Balboa Press
Una División de Hay House
1663 Liberty Drive
Bloomington, IN 47403
www.balboapress.com
1 (877) 407-4847

Debido a la naturaleza dinámica de Internet, cualquier dirección web o
enlace contenido en este libro puede haber cambiado desde su publicación
y puede que ya no sea válido. Las opiniones expresadas en esta obra son
exclusivamente del autor y no reflejan necesariamente las opiniones del editor
quien, por este medio, renuncia a cualquier responsabilidad sobre ellas.

El autor de este libro no ofrece consejos de medicina ni prescribe el
uso de técnicas como forma de tratamiento para el bienestar físico,
emocional, o para aliviar problemas médicas sin el consejo de un médico,
directamente o indirectamente. El intento del autor es solamente
para ofrecer información de una manera general para ayudarle en la
búsqueda de un bienestar emocional y spiritual. En caso de usar esta
información en este libro, que es su derecho constitucional, el autor y
el publicador no asumen ninguna responsabilidad por sus acciones.

ISBN: 978-1-9822-0444-0 (tapa blanda)
ISBN: 978-1-9822-0446-4 (tapa dura)
ISBN: 978-1-9822-0445-7 (libro electrónico)

Numero de la Libreria del Congreso: 2018906028

Información sobre impresión disponible en la última página.

Fecha de revisión de Balboa Press: 05/31/2018

ÍNDICE

INTRODUCCION

En este libro se presenta una serie de experiencias ocurridas en Guatemala durante los 30 años de la guerra interna librada entre el ejército y la guerrilla.

Los relatos son verdaderos y las personas mencionadas fueron protagonistas de la historia del país que debe ser recordada, para que no vuelva a ocurrir.

Cada relato tiene enlaces en internet que se pueden visitar, si se quiere obtener mas detalle de los hechos. Los enlaces contienen reportajes de los medios de comunicación escrita, recopilación de noticias publicadas en la televisión y videos realizados por diferentes instituciones interesadas en dar la información de los hechos de acuerdo a su punto de vista. Además, se encuentran documentos desclasificados del Ejército de Guatemala, la CIA y el Departamento de Estado de los Estados Unidos, que confirman los hechos, así como enlaces directos con el REHMI, donde se pueden leer los hechos relatados por algunas de las víctimas que sobrevivieron a la guerra.

Para acceder a los enlaces, busque la página titulada "Enlaces por Historia", que aparece al final del libro, donde se encuentra la secuencia de información pertinente a cada historia.

LA RAÍZ DEL MIEDO

El niño guarda sus miedos para no parecer débil ante los demás, pero estos le acompañan mientras crece y solamente al reconocerlos encuentra las armas para superarlos.

MARGARITA

Isabel había sido asignada como maestra en un pequeño, frío y remoto pueblo de Guatemala cercano a la frontera con México, vivían allí su esposo y sus dos hijas de uno y tres años. Su embarazo transcurrió sin mayores problemas. Sin embargo, el día del nacimiento, el médico del pueblo se encontraba atendiendo a otro paciente en una población no muy cercana y fueron las comadronas quienes se encargaron de atender el parto en casa, mientras esperaban que regresara el doctor.

El parto se complicó inesperadamente, una retención de placenta provocó una hemorragia severa que puso a las comadronas en alerta, ellas pusieron todos sus esfuerzos en salvar a la madre, y dejaron a la criatura recién nacida por un lado. En el pueblo no había hospital ni otro tipo de infraestructura que les permitiera tratar la emergencia con más personal, implementos o recursos. No fue sino hasta la madrugada, cuando el doctor regresó al pueblo y pudo atender la emergencia de la madre que seguía sangrando y corría un alto riesgo de perder la vida. Así nació Margarita, en 1953.

Luego de varios meses de recuperación, por razones de salud y conveniencia para las niñas, la familia decidió regresar a la capital donde residían los abuelos; y fue allí, en la ciudad, donde Margarita vivió y creció hasta hacerse adulta.

Muchos años de su vida estuvieron saturados por conflictos familiares donde recibió desprecios y humillaciones, y por eso se decidió a no decir nada cuando los niños, influenciados por las conversaciones de los adultos, la rechazaban y se negaban a jugar con ella; a pesar de su corta edad, se daba cuenta de que la trataban de forma diferente porque no pensaba como ellos y, aunque la lastimaban con sus burlas y comentarios, guardó silencio para que el rechazo no se incrementara.

Margarita también vivió situaciones tristes y violentas, que ocurrieron durante la época en la que Guatemala sufrió los embates de la guerra interna entre los guerrilleros, que luchaban por implementar el comunismo o como ellos le llamaban "socialismo", y el Ejército de Guatemala, que no podía aceptar que el sistema comunista se introdujera en el país. Esta guerra la sufrió la población por más de treinta años.

Margarita fue una más de "Los de en medio de la guerra". Una más de aquellos que por las circunstancias de un país en guerra, se vio afectada por los distintos hechos de violencia, intriga, zozobra, persecución y peligro que esto conllevaba; por ello vivió llena de miedo y angustia ante la posibilidad de sufrir las consecuencias de todo aquello que sucedía a su alrededor en el país y a personas cercanas a ella, e incluso lo que sucedía en otros países de Latinoamérica.

Ella se acostumbró a ver ese panorama como algo natural y normal, y el sentir angustia y miedo se hizo tan frecuente que se volvió parte de su vida diaria.

Emocionalmente vivió afectada por los crueles y violentos asesinatos que sucedían constantemente y poco a poco, quizá como mecanismo de defensa o supervivencia ante el temor al dolor y la muerte, aprendió a ser fuerte sin llegar a perder su sensibilidad por la violencia cotidiana de los acontecimientos.

Hubo muchas vidas perdidas en el camino; algunas personas a quienes había conocido de cerca y apreciaba, que ni siquiera imaginaba que podían estar involucradas en el movimiento socialista, y que provocaría un ataque brutal que los privara de la vida de esa forma tan salvaje y dolorosa.

Las fotografías amarillistas de los periódicos que enseñaban los cuerpos destrozados por la tortura o ametrallados, las noticias de las huelgas y manifestaciones donde la población planteaba su descontento y tanto el ejército como la policía las disolvía con bombas lacrimógenas, disparos y golpes, eran el pan de cada día, y también el alimento diario a su temor y angustia.

Así fue como Margarita vivió y creció, sobre informada del acontecer político nacional por los medios de comunicación y por los comentarios de personas que opinaban sin saber, o que sabían demasiado.

COMUNISTAS

La mamá de Isabel se llamaba Raquel, era una persona de carácter fuerte, baja estatura, sonrisa sonora y franca. Tenía personalidad de líder, voluntad férrea y un corazón noble. Margarita recuerda poco de Raquel, porque la relación de la abuela con los niños era vaga, pero sí se acuerda muy bien de los vestidos de seda que usaba con colores de fondo sólido como negro, café, gris o verde, porque le gustaban las flores pequeñas que los vestidos tenían estampadas en su diseño.

El abuelo se llamaba Miguel, trabajaba en el turno de noche en una imprenta, era alto y serio. Siguiendo las costumbres tradicionales, delegó a la abuela la misión de educar y formar a los siete hijos, cinco hombres y dos mujeres, fueron educados con libertad y democracia por sus padres, de acuerdo a su filosofía de vida, porque esa era la forma en que la abuela consideraba que el ser humano debía crecer.

El pensamiento de Raquel era diferente al de las personas de su época. Ella creía en la justicia social y se preocupaba por el beneficio de la comunidad. Perteneció a una asociación femenina que promovía la igualdad de derechos de la mujer, asistía a las manifestaciones populares a pronunciarse en contra de los cambios del gobierno cuando este emitía leyes que, en su opinión, perjudicaban al pueblo.

Era muy estimada por diferentes grupos de la sociedad, especialmente por aquellos por los que velaba. Margarita lo comprobó cuando acompañaba a su mamá al mercado y las personas se acercaban a saludarla y a hablarle de la abuela Raquel con mucho respeto, cariño y agradecimiento. Mencionaban la ayuda y apoyo que ella les había dado, y agradecían que siempre las motivó a luchar por sus derechos.

Isabel le contó que la abuela era muy activa y muy conocida en los grupos de lucha por la justicia social. Era simpatizante del candidato a Presidente Jacobo Árbenz Guzmán, que ganó la presidencia por votación popular en las elecciones de noviembre de 1950, para el período de 1951 a 1955, pero que finalmente en 1954 fue derrocado por un golpe de estado dirigido por el coronel Carlos Castillo Armas, porque uno de los planes de gobierno de Árbenz era implementar la Reforma Agraria, que era el primer paso para introducir el comunismo en Guatemala.

Cuando Árbenz perdió la presidencia, alguien pintó afuera, en una de las paredes de la casa de los abuelos, con letras negras y grandes la palabra "Comunistas", y los abuelos le avisaron inmediatamente a la mamá de Margarita. Isabel se asustó mucho al escuchar sobre la pintura en la pared, porque al derrocar al presidente Árbenz, se estaban llevando presos a todos sus simpatizantes y a algunos los fusilaban en el momento. Además, tener una marca en la casa con una palabra como la que habían escrito en la pared, abría la posibilidad de que se llevaran presos a los abuelos y a todos los miembros de la familia que vivían en la casa.

Como tenían que actuar rápido, Isabel llegó a la casa y, en taxi, llevó a los tíos y a los abuelos a la Embajada Argentina, que abrió sus puertas como santuario, porque se había iniciado una persecución contra todos aquellos acusados de ser simpatizantes o colaboradores del presidente derrocado; por lo tanto, todo aquel a quien consideraban sospechoso de tener ideas socialistas o comunistas, lo capturaban sin saber cuál sería su destino.

La mamá de Margarita le contó a ella que los abuelos argumentaron no estar involucrados en política, pero ella les explicó que era por su seguridad, porque la marca de la casa complicaba todo y la confusión provocada por el golpe de estado, no ofrecía garantía de la seguridad de ningún ciudadano, por lo que era mejor prevenir y resguardarse de cualquier ataque.

Dadas las circunstancias de inseguridad y peligro, todos los miembros de la familia que vivían en esa casa, los tíos, sus respectivas esposas e hijos, que eran 22 en total, se refugiaron en la Embajada Argentina para preservar su vida y mantener a la familia unida.

Isabel y un hermano fueron los únicos que no se refugiaron, porque no vivían en la casa marcada. Ellos no estaban en peligro de que los hubieran asociado con los comunistas, así que permanecieron en sus hogares.

Repentinamente la sede diplomática se encontró abarrotada con más de cien personas que temían por su vida. Raquel, que siempre estaba anuente a colaborar, habló con el embajador Nicasio Sánchez Toranzo y le ofreció que su hija, Isabel, que no se asiló, podría ayudarle a hacer las compras del mercado, necesarias para la alimentación de los refugiados. Al mismo tiempo, organizó a las mujeres para que ayudaran en la cocina en la preparación de los alimentos, y solucionó así el problema de la alimentación de tantas personas.

Esta situación se extendió por tres meses, hasta que se logró obtener el salvoconducto de los refugiados para salir del país en calidad de asilados políticos.

Afuera de la sede diplomática, la convulsión política había crecido, y el ejército había tomado el poder. El ex presidente Árbenz se había refugiado en la Embajada de México junto a su familia, así como algunos de sus funcionarios que también estaban en peligro por sus ideales socialistas. Ellos obtuvieron el salvoconducto para viajar a México.

Cuando Árbenz salió al exilio, sufrió una de las humillaciones públicas más grandes y embarazosas en la historia de Guatemala; en el aeropuerto, antes de subir al avión, fue obligado a quitarse la ropa frente a la prensa, para asegurarse de que no llevara con él nada que perteneciera a las arcas nacionales. El hecho fue captado en fotos por la prensa y dolió mucho no solo a sus seguidores, sino a la población en general.

Humildemente el ex presidente, militar de carrera y elegido por el voto popular, acató la orden que se le daba. La foto del lamentable agravio dio la vuelta al mundo.

El Coronel Jacobo Arbenz Guzmán ex-presidente de
Guatemala, en el momento de ser registrado en el
aeropuerto, antes de salir al exilio, Hemeroteca PL

Mientras afuera las cosas tomaban la forma que el
ejército deseaba, en la Embajada Argentina se tramitaba
la documentación necesaria para sacar a los refugiados de
Guatemala, quienes pasaban la espera socializando con otras

personas que se encontraban en una situación igual o similar a la de ellos, sin salir del santuario.

Fue allí cuando muchos simpatizaron con un individuo argentino que estaba también refugiado, y que había viajado a Guatemala para apoyar al gobierno, porque simpatizaba con la causa del coronel Árbenz Guzmán.

Raquel y los tíos de Margarita estaban realmente impresionados por el carisma y personalidad del doctor argentino que había dejado su país para ayudar a la causa del pueblo guatemalteco. Todos le llamaban Ché, y contaban que estaba enfermo de los pulmones, y que cuando le faltaba el aire parecía que se ahogaba; tenía que usar medicina para poder respirar. Raquel, según instrucciones del Ché, le preparaba una dieta especial de vegetales cocidos sin grasa, que Isabel dedicadamente compraba en el mercado cada semana.

El Ché conversaba con Raquel, y cuando finalmente se fueron a Argentina, les dio a algunos de los refugiados una nota para que contactaran a su familia allá, cosa que por motivos desconocidos los abuelos nunca hicieron, pero conservaron la nota durante muchos años como un atesorado recuerdo.

El amigo Ché no viajó con ellos a Argentina, sino que siguió su rumbo errante y finalmente se dirigió hacia Cuba, donde se incorporó a la lucha de Fidel Castro para sacar a Fulgencio Batista del poder. Entonces su identidad se hizo más pública, y el querido y respetado Ché, amigo de la abuela y los tíos, era el conocido Ché Guevara.

"Ché Guevara durante su visita a
Quiriguá", Hemeroteca Prensa Libre.

VIDA EN ARGENTINA Y RETORNO A GUATEMALA

"Asilados guatemaltecos en la embajada argentina en Guatemala. Tomado de Exilio Guatemalteco en Argentina, Rodolfo González Galeotti, FLACSO-Guatemala, 2010".

Finalmente, a mediados de octubre, cuando se completó la documentación necesaria para el traslado de los exilados, el presidente Perón envió aviones a Guatemala para llevarlos a Argentina. Todos volaron y, al cruzar el ecuador, a los niños les dieron un diploma con su nombre para constatar que habían cruzado la línea que divide el mundo.

Llegaron a Argentina y fueron trasladados al Hotel de Inmigrantes en Buenos Aires, donde se refugiaron por un tiempo mientras lograban conseguir trabajo y establecerse en una casa con su familia.

Los tíos de Margarita durante toda su vida recordaron esa época con nostalgia, y admiraban el apoyo que les brindaron a su llegada a Argentina. Cuentan que cuando dejaron el Hotel de Inmigrantes, les proporcionaron ropa y enseres para la casa, para que empezaran una nueva vida. Comentaron que toda la ayuda que recibieron fue de la Fundación Eva Perón, y a Perón lo catalogaron como un presidente admirable, pero su admiración siempre fue más grande para Eva, porque ella luchaba por las clases menos afortunadas, las protegía y ayudaba.

Los tíos aprendieron muchas cosas en Argentina, sobre todo aprendieron a hablar con el acento argentino, que algunos de ellos nunca olvidaron. Muchos años después, cuando ya se encontraban de nuevo en Guatemala y se reunían para compartir experiencias al calor de una botella, había especialmente un tío de Margarita que cuando los tragos le hacían efecto, le cambiaba el acento chapín y empezaba a hablar con acento argentino. Todos lo querían y lo tomaban como una parte de su personalidad, porque los hacía reír con sus ocurrencias.

La familia se integró a la vida del país como parte de la clase obrera, pero como les suele suceder a los guatemaltecos que están afuera del país, añoraban la patria, donde ellos pertenecían a un nivel social más acomodado, además de que tenían su propio negocio, mientras que en Argentina vivían de un salario.

Contaban que para Navidad, a todos los niños, la Fundación Eva Perón les daba un pan de Navidad y una botella de vino, y aunque en Guatemala esa no era la costumbre, admiraron siempre ese apoyo a los niños y a la clase obrera.

Las cartas que mandaban a Guatemala eran tristes y siempre recordaban con nostalgia su vida de familia y lo lindo de su país. Isabel sabía que tenía que ayudarlos a volver a Guatemala, y cuando la situación política cambió, ella solicitó una audiencia al presidente para pedirle que diera la autorización de que regresaran al país.

El presidente le indicó que para poder estudiar el caso, necesitaba una biografía de cada miembro de la familia que estaba fuera, y eso hizo que Isabel tuviera que escribir la biografía de veintidós personas, porque tuvo que incluir a las esposas de los tíos e incluso a cada uno de los niños que se encontraban en Argentina. Al finalizar el estudio, el presidente dio la autorización para el regreso de toda la familia, a excepción de la abuela, quien no podía regresar. Eso ocasionó que la familia regresara poco a poco, pero los abuelos se quedaron porque el abuelo dijo que no iba a dejar sola a la abuela.

Durante ese tiempo, cuenta Isabel que la madre de Miguel se puso muy enferma y el doctor les informó que no le quedaba mucho tiempo de vida, por lo que Isabel hizo un último intento de pedir la autorización para que dejaran entrar a Raquel, y le envió un telegrama urgente al presidente, a nombre de la bisabuela, en el que le solicitaba desde su lecho de muerte, la autorización para que dejara entrar a su hija.

Realmente era la nuera, pero la bisabuela la quería como una hija. El presidente dio la autorización y los abuelos regresaron al país, pero no llegaron a tiempo para ver a la bisabuela viva.

Raquel enfermó y murió inesperadamente. Su sepelio fue muy concurrido y mucha gente lamentó su muerte, sobre todo porque no había muchas lideresas que defendieran los derechos de las mujeres.

Miguel contó que cuando Raquel tenía aproximadamente diez días de fallecida, la llegaron a buscar en un *jeep* de la judicial varios hombres, le preguntaron por ella y le enseñaron una orden de captura. El abuelo, que manejaba una combinación de lógica y sarcasmo, les dijo que ella ya no vivía allí, los judiciales le pidieron la dirección para ir a buscarla. El abuelo, muy serio, les dijo, "vayan a buscarla allí, al final de la 20 calle"; al pedirle la dirección exacta, les dijo: "allí, al final de la calle, en el Cementerio General".

Cementerio general, ubicado al final de la 20 calle zona 3, foto propiedad de: www.elpaisdelosjovenes.com.

EL CONCEPTO POLÍTICO ES RELATIVO

En la política, cada persona piensa que tiene la verdad en su criterio, pero cada cual tiene una razón personal para creer su verdad.

REVOLUCIONARIO - REACCIONARIO

Margarita y los otros niños de su familia, sus primos, escuchaban las conversaciones familiares de los adultos que libremente se daban en la sobremesa, cuando llegaba visita, a la hora del café, o en cualquier oportunidad que se prestara para ello. El tema de los Revolucionarios y los Reaccionarios era uno de los más populares, debido a la situación que se desarrollaba en el país. Eran palabras de uso muy común, entre ciertos allegados y miembros de su familia, para describir o etiquetar a las personas. Margarita, sin embargo, no sabía su significado, ni se atrevía a preguntar.

Finalmente, logró determinar que cuando hablaban de revolucionarios, se referían al bando preferido de sus tíos y familiares, descritos como personas buenas, confiables, de mente abierta, con un corazón humano, con una gran sensibilidad hacia los desposeídos, los pobres, los indígenas y todo aquel que aparentemente estuviera en desventaja social. Al hablar del otro bando, los reaccionarios, se referían a personas egoístas, explotadoras e insensibles a las necesidades del ser humano, coincidentemente personas de clase social más alta, empresarios, con mayores recursos económicos, generalmente dueños de fincas agropecuarias, tachados de oligarcas.

Todo aquel que defendía la igualdad de los derechos de

la clase obrera, las normas de igualdad con las clases desposeídas, que esperaba la reforma social y que había participado directa o indirectamente en la lucha del 20 de octubre de 1944, era un revolucionario. Eran los años 60 y 70, así que había pasado una regular cantidad de años desde que se dio la revolución; pero algunas personas continuaban enganchadas con la palabra, con el lado romántico del pasado que los vinculaba con el heroísmo de los valientes que lucharon contra el gobierno y lograron sus demandas, aquellos que habían luchado por la Revolución. Recordaban las hazañas de los líderes que formaron el partido Frente Popular Libertador, entre ellos, Manuel Galich, José Manuel Fortuny, Marco Antonio Villamar Contreras y Alfonso Bauer Paiz, que habían sido el ejemplo para los nuevos revolucionarios.

Durante la guerra interna, las personas que estaban en el movimiento guerrillero se consideraban revolucionarios y se sentían muy orgullosos de serlo, pero esa guerra de más de 30 años dejó un saldo de incontables revolucionarios asesinados, y otros desaparecidos.

Al firmarse la paz y terminar la guerra, algunos de los dirigentes de la guerrilla, que se siguen llamando revolucionarios, están en buena posición económica, y los militares de alto rango que son reaccionarios y participaron en el enfrentamiento armado, lograron establecer su círculo de protección, se acogieron a la amnistía que ellos mismos crearon para resguardarse de las leyes internacionales, y se apropiaron de las tierras y los fondos que estaban a su alcance, a través del cargo que estaban desempeñando, pero la pobreza y la injusticia siguen igual en el país.

Las personas siguen usando los términos revolucionarios y

reaccionarios, pero ya las palabras tienen otras connotaciones que no son precisamente sobre los que lucharon en la Revolución de Octubre, sino ahora se refieren a los que participaron en el enfrentamiento armado.

EXPLOTADORES Y EXPLOTADOS

Margarita también escuchaba a los adultos hablar de la conciencia social, de los derechos de los débiles y explotados que viven oprimidos por los explotadores, y del deber que todos tenían de defender a los pobres para repartir las riquezas del país en forma equitativa.

Ella entendió que el explotador era aquel que usaba los servicios de una persona, pero que con el afán de enriquecerse, le pagaba sueldos magros que no alcanzaban para su sostenimiento. Y el explotado era el obrero que recibía un sueldo bajo que no alcanzaba para su sostenimiento, y que no era justo para la calidad del trabajo realizado.

También cree que el concepto de explotado se puede aplicar a todo aquel que vende sus servicios y no le pagan un sueldo justo, pero que en algún punto de nuestra vida, todos llegamos a ejercer el papel de explotados y también el de explotadores de alguna manera, porque no ganamos lo que queremos, pero tampoco pagamos lo que otra persona merece.

Se dio cuenta de que el concepto de explotadores y explotados varía según el punto de vista de quien opina, si es un empresario, va a ser un explotador y sus trabajadores serán los explotados, pero si es un simple ciudadano que tiene servidumbre en su casa, aunque esté siendo explotado por sus patronos, podría ser el explotador de las personas que trabajan en su casa, tal como el salario que le toca a la servidumbre, al jardinero, o una persona que le hace reparaciones en su casa. Algunos pensarán que eso no es explotación y le llamarían regateo.

El obrero que trabaja por su cuenta también juega el papel de explotador cuando cobra un precio excesivo por el trabajo para el que lo contrataron y, además, algunas veces no lo hace bien, con la intención de que lo vuelvan a llamar y pueda ganar algo más sin hacer un gran esfuerzo en el trabajo.

El concepto radica más en la honestidad y sensibilidad humana de la persona que paga los servicios. La explotación se practica en cualquier nivel socioeconómico y, en muchos casos, depende de cada ser humano el tratar de ser justo con la remuneración del trabajo.

LAS PROTESTAS

El pueblo protesta por los abusos de poder y por la falta de efectividad en el trabajo de los gobernantes, sin embargo, en contadas ocasiones logra su objetivo.

LA PISCINA

Las Jornadas Patrióticas de Marzo y Abril que ocurrieron en 1962 fueron una vivencia inusual para Margarita y sus hermanas, porque su mamá era maestra de una escuela pública con internado, y el trabajo incluía vivienda dentro de la escuela. La escuela era grande y estaba ubicada en el centro de la ciudad. Esto les permitió, tanto a ella como a sus hermanas, deambular por el lugar con absoluta libertad, disfrutando de áreas de juego grandes y seguras que compartían con los hijos de la directora.

Todavía recuerda los amplios patios rodeados de viejos y enormes árboles llamados amates, que tenían las raíces afuera de la tierra, y eran tan grandes que se podían esconder entre ellas y les servían de sillas, aunque los pies no les llegaban al suelo. Uno de sus lugares favoritos era el salón de actos, donde Margarita tuvo por primera vez una experiencia con el teatro, y disfrutaba cuando las alumnas ensayaban sus roles dentro de las obras que presentaban como parte de su currículo.

Amates, arboles de raíces gigantes en el patio de la
escuela. Fotografía del album familiar de Margarita

Se estableció una relación muy particular con las alumnas y con el director de artes escénicas. Incluso recuerda una vez en que ella estaba muy contenta de haber participado en una obra, prestando su querido gato negro de peluche, que usaron durante la temporada. Siempre que presentaban la obra, usaban su gato, pero al final de la obra Margarita estaba afuera esperando a que le devolvieran su gato, porque era el que la acompañaba en la noche a la hora de dormir.

Entre muchas cosas que vivió en la escuela, también tuvo conocimiento de las manifestaciones de marzo y abril porque estas ocurrían en los alrededores de la escuela donde vivían.

En la historia, estas protestas también se conocen como Jornadas Cívicas de Marzo y Abril, y fueron organizadas por estudiantes de institutos nacionales, la Universidad de San Carlos y organizaciones populares. Esas jornadas fueron el detonante que inició el movimiento en contra del gobierno del general Miguel Ydígoras Fuentes, que fungió como presidente desde marzo de 1958 a marzo de 1963. y quien con abuso de poder y corrupción, había impuesto a través de un fraude electoral, a los miembros del Congreso, para que legislaran a su favor y autorizaran los robos legales del gobierno.

Originalmente se esperaba que esas protestas fueran pacíficas, pero se tornaron violentas cuando intervino el ejército y la policía nacional, porque atacaron a los estudiantes con bombas lacrimógenas, golpes, patadas, garrotes de madera y, en algunos casos, con armas de fuego. Por el contrario, los estudiantes se defendían con piedras y palos. En esa lucha, algunos estudiantes resultaron heridos, pero también hubo muertos.

Como consecuencia de los disturbios se suspendió el ciclo escolar, y tanto Margarita como sus hermanas permanecieron en la casa dentro de la escuela. Ellas sabían que estaban seguras, pero igual tenían miedo porque la escuela estaba rodeada de policías y soldados; además, una tarde llegaron a clavar largas tablas de madera en las puertas de las entradas, para evitar que los estudiantes entraran a la escuela durante las protestas y la usaran como un cuartel de operaciones.

Tanto los directores como los demás empleados de servicio, que también vivían en la escuela, subsistieron con el abastecimiento de alimentos que tenían en la despensa del plantel, y las únicas puertas que la policía dejó con acceso permitido para entrar y salir, fueron las de la casa de la directora y la subdirectora.

Margarita, sus hermanas y los hijos de la directora tuvieron que reducir sus áreas de juego dentro de la escuela, porque había vigilancia aérea, y era arriesgado que por el movimiento creyeran que había alguna actividad en contra del gobierno, así que su actividad se redujo al patio de la casa dentro de la escuela, en donde no había riesgo.

No recuerda cuánto tiempo se suspendieron las clases, pero fueron como unas vacaciones escolares adicionales. Fue un periodo de libertad para ellas, aunque no se salvaron de ser víctimas de los disturbios porque un día, mientras nadaban muy contentos en la piscina, empezaron a sentir un ardor muy fuerte en los ojos, creyeron que era el cloro del agua, pero luego los conserjes les dijeron que era el gas lacrimógeno de las bombas de afuera. Tuvieron que meter la cara en el agua para aliviar el ardor que sentían, y mejor decidieron resguardarse en la casa. Como las protestas ocurrían en la calle, el aire llevó el gas hasta donde estaban y, sin estar involucradas, sufrieron el efecto de las bombas lanzadas por la policía.

La poca programación de la televisión, que estaba disponible en aquel entonces, se concretaba a las noticias de los disturbios, y por allí se enteraban de lo que estaba pasando afuera. Vieron cómo golpearon y tomaron presos a los estudiantes, y cómo estos corrían y se escondían para escapar de la policía y del ejército.

La prensa y la televisión publicaron las fotos de los capturados, y también a los familiares angustiados que trataban de averiguar en los juzgados y centros de detención en dónde estaban sus parientes.

Durante esas manifestaciones murieron varios estudiantes universitarios, unos en la Facultad de Derecho y otros en la sexta avenida, lugar de congregación de los manifestantes, para luego dirigirse al Palacio Nacional.

"Estudiantes de educación media apoyan la manifestación" Fuente: http://www. flacso.edu.gt/site/?p=2536.

Diariamente de camino hacia el colegio, Margarita y sus hermanas pasaban por algunos de los lugares donde habían caído los estudiantes; y el morbo y la curiosidad las atraía hacia el impresionante espectáculo póstumo de los abatidos. Sus familias, compañeros de estudios y otros simpatizantes habían convertido el área en altares con retratos, velas y ofrendas florales; era como un gran funeral en la calle, sin cuerpos ni féretro. Se sentía una sensación extraña al ver las candelas humeando y las gotas de sangre aún en las gradas de la Facultad de Derecho, y en la banqueta de la calle donde trágicamente quedaron los cuerpos desplomados después del ataque policial.

Las hermanas, siendo aún niñas no presenciaron las protestas, porque ellas solamente pasaban por la Escuela de Derecho temprano en la mañana cuando se dirigían al colegio, y cuando las niñas salían, la manifestación ya no estaba por el sector donde ellas se desplazaban hacia su casa. Pudieron haber cambiado su ruta, pero habían hecho parte de su rutina pasar viendo los altares; se familiarizaron con la muerte, y de alguna manera perdieron la sensibilidad a la tragedia y dolor ajeno; aunque a su vez y sin saberlo, alimentaron su miedo a la situación política reinante en esos días, que afectaba su entorno familiar y poco a poco desmoronaba su sentido de seguridad y autoestima tan importante en esos años de formación del ser.

"Jornadas patrióticas de marzo y abril 1962.
Composición fotográfica propiedad de Memorias
de Lucha Revolucionaria en Guatemala".

"Cerca del mediodía del 12 de abril de 1962, en la 10ª. calle, entre 9ª. y 10ª. avenidas de la zona 1 capitalina fue asesinado, por agentes de la policía judicial, un estudiante de Derecho de la Usac. A eso de las seis de la tarde, una patrulla del Ejército, al mando del oficial Mendizábal, masacró a cuatro más en el frontispicio de dicha casa de estudios. Ese mismo día, agentes de la Policía Nacional asesinaron al estudiante de secundaria Felipe Gutiérrez Lacán."

Ricardo Rosales Román
\ Carlos Gonzáles \ Fuente, La Hora, Periódico guatemalteco.

"Un escrito de Manuel Colom Argueta recuerda: "Hay un hecho que rebalsa el vaso de agua, y es una acción militar al mando de una patrulla que ametralla a unos estudiantes de la Facultad de Derecho que están colocando carteles y rótulos en la 9ª. avenida y 10ª. calle zona 1." Esto ocurrió el 12 de abril 1962." **Jornadas Patrióticas de Marzo y Abril: 50 años 1962-2012** *Por la Asociación Marzo y Abril - Comisión Nacional Organizadora del 50 Aniversario - Guatemala, 30 de enero de 2012 - - Copyright © albedrío.org"*

TRAPOS CON VINAGRE

Para ganar las elecciones presidenciales, el partido Democracia Cristiana hizo una alianza con el partido (FUR) Frente Unido de la Revolución del Lic. Manuel Colom Argueta, y formaron el Frente Nacional de Oposición, postulando al general Efraín Ríos Montt a la Presidencia y al Lic. Alberto Fuentes Mohr, de tendencia socialdemócrata, para la vicepresidencia.

Fue una campaña fuerte, activa y organizada, que dio como resultado que Ríos Montt y Fuentes Mohr ganaran las elecciones, pero ni la Democracia Cristiana ni el FUR tenían posibilidades de llegar al poder, dada la tendencia socialista de ambos partidos, y aunque pusieron al frente a un militar, era muy difícil que los dejaran alcanzar la presidencia.

El escrutinio se inició después de cerrar las votaciones, y el binomio Ríos Montt – Fuentes Mohr estaba ganando. Repentinamente hubo un corte de energía eléctrica que dejó a la ciudad sin luz, y al regresar la corriente eléctrica, súbitamente los resultados se habían inclinado de forma contundente a favor del coronel Kjell Laugerud García, postulado por el PID -Partido Institucional Democrático-.

El alcalde de la ciudad, Lic. Manuel Colom Argueta, que también era secretario general del FUR, así como los dirigentes de la Democracia Cristiana, estaban indignados por el fraude, y consideraron que era el momento de mover a sus correligionarios para desatar una protesta masiva del pueblo, y así poder recuperar la presidencia.

En ese entonces, Margarita trabajaba en la municipalidad, contratada por una fuente externa para un trabajo de investigación de servicio al cliente; el día de la manifestación, caminaba junto con una compañera hacia la parada de bus sobre la 7ª Avenida y 18 calle, y notaron con curiosidad que la gente se movía rápidamente para llegar a la Plazuela Barrios, que era el punto de reunión de la protesta, que empezaría con una disertación de Manuel Colom Argueta. Unos manifestantes llevaban carteles, otros caminaban rápida y nerviosamente porque la manifestación no había sido autorizada, y sabían que en cualquier momento la policía trataría de interrumpirla. Se podía sentir la tensión en el ambiente.

Mientras caminaban sobre la 18 calle, las jóvenes comentaban sobre la manifestación, y de pronto escucharon una especie de grito ahogado, vieron una desbandada de gente que corría para escapar de la persecución policíaca. En medio de la conmoción, Margarita no se percató de lo que pasaba, sintió que alguien la jaló del brazo y la metió dentro de un almacén. Escasamente dio tiempo a que ella entrara y los empleados del almacén bajaron la cortina de metal.

Dentro del almacén se dio cuenta de que no conocía a nadie, miró alrededor, vio a su amiga y supo quién la había jalado hacia dentro del almacén. Ella le dijo que todos afuera estaban huyendo de la policía y que esa fue la razón por la que la jaló. Margarita no se imaginó el peligro en el que estaba ni de lo serio de la situación, pero sí estaba asustada. Se quedaron dentro del almacén hasta que todo se calmó afuera, luego todas las personas que estaban dentro del almacén, salieron a la calle a continuar su camino.

Las amigas caminaron sobre la octava avenida de la zona 1 y notaron que las patrullas seguían llevándose a los transeúntes; temerosas de lo peligroso del entorno, decidieron entrar a un viejo edificio de apartamentos por el que pasaban, y resguardarse para evitar que se las llevaran por equivocación. Al subir las gradas, encontraron a una señora residente del edificio que se dirigía hacia la azotea, para desde allí ver los disturbios en la calle. Las jóvenes muy asustadas, sin pensarlo, se unieron a ella y la siguieron.

El ambiente en general era tenso y el aire estaba contaminado por los gases de las bombas lacrimógenas que la policía lanzaba a los manifestantes. Los ojos les ardían y no podían respirar. Con palabras entrecortadas por la tos, la amiga, experimentada en esos movimientos, comentó que no tenía pensado participar; de lo contrario hubiera llevado sus trapos con vinagre para contrarrestar el efecto del gas. La señora inmediatamente dijo que ella tenía vinagre en su casa, bajó corriendo a su apartamento y regresó con unos paños con vinagre, con los que se limpiaron los ojos. El efecto del vinagre les quitó las molestias y les permitió observar cómo los policías y agentes encubiertos de la judicial, rondaban el área en *jeeps*, y cuando miraban a algún transeúnte caminando, se bajaban y entre varios lo agarraban, lo golpeaban salvajemente con garrotes de madera, y lo subían a patadas en el *jeep*. No importaba si eran manifestantes, hombres, jóvenes o adultos. Tampoco respetaban a las mujeres, a ellas también les pegaban, las jalaban del pelo, las arrastraban hasta llegar al *jeep*, y luego las subían con violentos empujones. A otras personas, las agarraban entre varios, las inmovilizaban sin importar si estaban participando en la manifestación o no, solo por estar en el lugar, se llevaban a todos detenidos. Al ver eso, Margarita preguntó a su amiga qué pasaba con los detenidos, y ella respondió que el partido les ponía abogados y pagaba las fianzas para liberarlos; pero lo peligroso era si detenían a dirigentes importantes, pues a ellos los torturaban para obtener información.

El general Ríos Montt, sin tomar en cuenta a los partidos políticos que lo postularon, negoció con el ejército y aceptó la derrota a cambio de un puesto diplomático en el extranjero. Mientras los estudiantes y los dirigentes protestaban en las calles y exponían su vida, Ríos Montt preparaba su equipaje para viajar a Madrid, como agregado militar de la Embajada de Guatemala ante el gobierno de España. Antes de partir, dio una conferencia de prensa para informar al pueblo de Guatemala que aceptaba la derrota, e instaba a la gente para que se integrase a sus actividades diarias y reconociera a Kjell Laugerud como su nuevo presidente.

"Efraín Ríos Montt, Alberto Fuentes Mohr
y Manuel Colom Argueta, miembros de una
coalición conversan luego de conocerse el fraude
electoral de 1974 en el que ganó el general
Laugerud García". Hemeroteca Prensa Libre

Mucha gente se sintió traicionada, pero la lucha ya había terminado. Para Margarita ese era el ejemplo claro de cómo los políticos negocian sus intereses personales y su propio bienestar, sin importarles su ideología, ni el pueblo.

CONTRAINSURGENCIA

El gobierno usó todas las armas posibles en la lucha contra la guerrilla, sin importarle lastimar a los de en medio de la guerra, que no eran parte de la contienda.

LA NOCHE DE SAN BARTOLOMÉ

Los niños y adolescentes del grupo familiar repetían las historias sobre política que oían en su casa. Siempre hablaban de los ataques del ejército y de los triunfos de la guerrilla. Margarita les ponía atención, pero al mismo tiempo le daba temor porque sabía del peligro que representaba estar informada de las acciones de los guerrilleros.

Una vez, le contaron que la situación del país estaba muy delicada porque los guerrilleros estaban avanzando y el ejército estaba sufriendo muchas derrotas, que el triunfo de la revolución ya estaba muy cercano y que había que prepararse para cuando los guerrilleros tomaran el poder. Comentaron que el ejército sentía que estaban perdiendo la guerra y, como ofensiva para atacar al enemigo, estaban planeando realizar una Noche de San Bartolomé en toda la ciudad, para acabar con los guerrilleros.

Intrigada, ella preguntó qué era eso, y le explicaron que consistía en un operativo donde cortaban la luz en toda la ciudad y que tanto el ejército como la policía, entraban a las casas a buscar guerrilleros para capturarlos, torturarlos y obtener información de sus jefes y de cómo operaban. Además de capturar a todos los amigos y parientes que estaban relacionados con ellos, también le contaron que mataban a toda la gente, incluyendo a los niños.

Para colmo del susto, también le contaron que esa estrategia se había hecho en otros países de América Latina, y que había sido muy efectiva para los gobiernos porque habían capturado a muchos guerrilleros, pero que la matanza había sido muy grande, que habían arrasado con pueblos enteros para acabar con todas las personas que estaban involucradas en la guerrilla.

Se asustó tanto que le dio insomnio por muchos meses, su hermana Tere también estaba asustada, y cuando Margarita escuchaba ruido afuera de su casa o sentía que alguien tocaba el timbre de la puerta en la noche, se asustaba tanto que ni siquiera preguntaba quién era y mejor escondía su cabeza bajo la almohada para esperar a que entraran por ella y se la llevaran presa.

Sentía pánico de que pudieran capturar a alguno de los familiares que ella sabía que estaban involucrados en el movimiento contra el gobierno, o que a ella y a sus hermanas las hubiesen asociado con la guerrilla y se las llevaran presas. Ese miedo permanecía dentro de su pecho y de su mente tanto de día como de noche.

Margarita sabía que su mamá no estaba involucrada en política, que se dedicaba a trabajar para sostenerlas y que en su casa no se vivían situaciones difíciles como las que contaban los primos que otras personas vivían cuando llegaban a catear su casa, porque la persona que estaba escondida tenía que correr por los techos de las vecindades para evitar que la capturaran.

Ella también entendía que su mamá no iba a dejar que su familia estuviera en problemas, y ayudaría al familiar que estuviera capturado. El problema era que en ese tiempo, solamente con decir que uno conocía a algún guerrillero, era casi como decir que llevaba el comunismo metido entre la piel, así que ella sufría en silencio porque no quería lastimar los sentimientos de su mamá, ni los de los familiares a quienes quería y consideraba parte de su vida.

Nunca ocurrió la tan temida Noche de San Bartolomé, pero durante mucho tiempo, Margarita estuvo presa del terror de que un día sucediera. Muchos años después, se enteró de que "La Noche de San Bartolomé" ocurrió en Francia, en 1572, y no estaba relacionada con ninguna guerra.

Lo más parecido a "La Noche de San Bartolomé", que se puede decir que ocurrió en nuestro país, fue una "Operación Limpieza" que realizó el gobierno en áreas de conflicto, las cuales denominó "Zona Congelada".

Las operaciones de captura de guerrilleros que se realizaron en la "Zona Congelada", no incluyeron a niños y familiares de los involucrados en el movimiento guerrillero, solamente capturaron a los participantes y miembros de la guerrilla.

"La campaña Operación Limpieza comenzó con acciones a pequeña escala, a cargo de la Policía Nacional, a fin de ensayar la efectividad del plan. En diciembre de 1965, John Longan sugirió innovaciones para la ejecución de la Operación Limpieza y se introdujo en la campaña la modalidad de Zona Congelada, que consistió en el cierre de un área física de varias cuadras, utilizando fuerzas de la policía, que evitaba la entrada o salida de personas mientras se desarrollaba la redada. Además, se determinó que este trabajo se realizaría en forma combinada entre la Policía Nacional, la Policía Judicial, la Policía Militar y el ejército. Hasta marzo de 1966 se realizaron 80 operativos con esta modalidad." (Figueroa Sarti, Blog sábado 3 de marzo 2012, Los 28 desaparecidos de 1966).

LA JUDICIAL

Solamente con escuchar hablar de La Judicial, Margarita temblaba del miedo que le producía escuchar ese nombre, porque la gente contaba en todos lados historias horribles de torturas, muerte y violaciones que ocurrían en el cuartel de la policía judicial.

La Judicial era la sección secreta de la policía nacional, que se caracterizaba por lo detallado de los reportes de alto nivel que manejaban sobre las personas a quienes estaban investigando, y eran quienes se encargaban de capturar a los subversivos. Sus investigadores tenían la peculiaridad de que no usaban uniforme, eso les ampliaba el margen para contar con un sinnúmero de agentes encubiertos que estaban infiltrados en diferentes sectores de la población. Su trabajo era escuchar conversaciones comunes de la gente, observar los movimientos en los vecindarios a donde se desplazaban los sospechosos, quienes eran sus amigos y familiares, y así poder identificar quién colaboraba o trabajaba para la guerrilla.

Se sabía que los de La Judicial estaban en cualquier lugar, en el bus, en el mercado, y que hasta la persona menos pensada, podía pertenecer a aquella agrupación: los taxistas, la servidumbre en las casas, los jardineros, vendedores ambulantes, en las tiendas y aún en oficinas de servicios. Cualquier servidor público que tuviera contacto con la gente, podía ser miembro de La Judicial. Eran amables, platicadores y aparentemente muy sencillos en su conversación, lo que les permitía ganar confianza con las personas para sacarles información sin percatarse de sus verdaderas intenciones. Hacían amistad fácilmente para poder obtener detalles de cada persona y de sus relaciones. Luego informaban y los agentes se encargaban de capturar a los sospechosos para interrogarlos. Este lo realizaban por medios de tortura brutales, y así obtenían información sobre el movimiento insurgente, los contactos, amigos y familiares.

"Credencial del Cuerpo de Detectives de la Policía Nacional. Documentos encontrados en el archivo de la Policía Nacional. Fuente: GT PN 50 DSC [Registro interno AHPN 26488] Grupo Nizkor Del Silencio a la Memoria", archivos en resguardo de la Hemeroteca Nacional de Guatemala

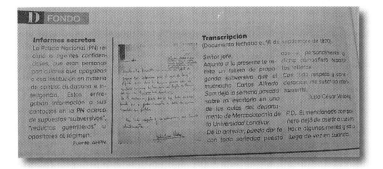

Transcripción de denuncia encontrada en
Archivo de la Policía Nacional. Revista "D",
Hemeroteca Nacional de Guatemala.

Decirle a una persona que La Judicial andaba atrás de él, era sinónimo de que la muerte lo estaba buscando, porque cuando La Judicial capturaba a alguien, en muy pocas ocasiones las personas aparecían vivas. En su mayoría, aparecían muertas y salvajemente torturadas. Se comentaba que sus miembros eran personas desalmadas que no tenían misericordia para interrogar a la gente. La población creía que funcionaba en el sótano de uno de los cuarteles de la policía, y que allí era el centro de operaciones de tortura.

Las personas trataban de no tener enemigos ni tener desacuerdos con nadie, pues no se sabía quién pertenecía a La Judicial, o tenía vínculos con alguien que perteneciera a ella. Si alguna persona tenía un problema personal con alguien que perteneciera a La Judicial, se arriesgaba a que la acusaran de guerrillera. Mientras se investigaba si la denuncia era verdadera o falsa, se corría el riesgo de que los detuvieran, torturaran, tuvieran un cateo en la casa, y hasta que perdieran todas sus pertenencias.

Mucho tiempo después, Margarita se enteró de que las personas que escapaban por los techos, eran personas que estaban escondidas en la casa de algunas personas que conocía. Margarita nunca comentó sobre eso con nadie, y se alegra de no haberlo hecho. Durante ese tiempo, el viejo proverbio de "Ver, Oír y Callar" era la mejor forma de conducirse.

Durante la guerra, la policía Judicial apresó a un sinnúmero de sospechosos y también a culpables e inocentes. Fue el centro de operaciones de donde emitieron muchas órdenes que cegaron la vida de miles de personas, muchas de las cuales aún siguen sin aparecer.

"Documentos encontrados en el archivo histórico de la Policía Nacional". Hemeroteca de Prensa Libre.

Fotos: Esbin García, Carlos Hernández Ovalle y Hemeroteca

■ EXTENUANTE LABOR

En la fotografía principal se muestra el espacio que el Archivo Histórico de la Policía Nacional (AHPN) emplea para escanear; hasta ahora se pueden consultar en línea más de 22 millones de imágenes. Arriba, a la derecha, una enorme pila de papeles cuando a medio proceso de clasificación. Abajo, bodega con cientos de legajos que contiene los documentos del Archivo Histórico de la Policía Nacional Civil —las instalaciones del AHPN son similares—.

Trabajo de clasificación de documentos en
Archivo de la Policía Nacional, Revista "D",
Hemeroteca Nacional de Guatemala.

LAS TORTURAS

La población de Guatemala sabía que la tortura era el medio que los servicios de inteligencia militar y la policía ejercían sobre los guerrilleros capturados, para enterarse de quiénes eran los líderes y colaboradores del movimiento, para conocer la forma en que operaban, para introducirse entre los grupos de líderes comunitarios, sindicatos, estudiantes de educación media y universitaria. También les exigían información sobre las operaciones de ataque hacia el ejército.

Margarita se sorprendió al enterarse de que algunas personas que ella conocía habían sido capturadas y torturadas de forma salvaje, porque no sabía que pertenecían a la guerrilla. Algunos fueron destrozados y sus cuerpos fueron arrojados en terrenos baldíos, mientras que otros, de milagro, lograron salir vivos de la captura, pero tuvieron que dejar el país.

La muerte de las personas torturadas fue horrible. Algunos fueron identificados por sus placas dentales, a otros, por la ropa que llevaban, por alguna marca de nacimiento o características personales como estatura, color de pelo o constitución anatómica.

Todavía a la fecha se escucha la historia de dos conocidos miembros del movimiento guerrillero Edgar Ibarra, que fueron capturados en un encuentro armado, Nora Paiz y el poeta Otto René Castillo, quienes desde que eran estudiantes de educación media simpatizaron con la causa socialista y ambos formaron parte de los grupos que luchaban en contra del gobierno durante las Jornadas Patrióticas de Marzo y Abril. Durante ese movimiento fueron capturados, por lo que se vieron en la necesidad de salir del país para salvar su vida.

Su entrega a la lucha social o su amor a la patria, como muchos de los guerrilleros decían, fue más fuerte que su amor a la vida; se dieron a conocer como militantes del movimiento, y aún en el extranjero se mantuvieron en contacto con los grupos que luchaban en el país. Finalmente, ambos decidieron regresar a Guatemala para integrarse de lleno a la lucha.

Ambos fueron miembros del Partido Guatemalteco del Trabajo, que estaba asociado con el partido comunista. El gobierno ya tenía información sobre sus movimientos y, finalmente, el 15 de marzo de 1967 fueron capturados y trasladados a la base militar de Zacapa, donde fueron interrogados por medio de torturas brutales.

De acuerdo a información que se conoció a través de personas que presenciaron los interrogatorios, comentaron que sus cuerpos tenían múltiples fracturas porque les pegaban con garrotes de madera, y que aún vivos les quemaron partes del cuerpo para lograr una respuesta al interrogatorio. Además de que sus cuerpos estaban con múltiples golpes y quemados, los cortaron en pedazos para enterrarlos. Los familiares siguieron todos los pasos para buscarlos en hospitales y centros de detención, presentaron recursos de exhibición, pero también resultaron infructuosos. Se sabía que los habían capturado, pero la policía no los tenía en su poder.

Después de seguir todos los trámites necesarios, la mamá de Nora logró que la recomendaran con un militar de alto rango que indagó sobre ellos entre los cuarteles de inteligencia militar, y les notificó que efectivamente los habían capturado, y que no los iban a encontrar porque estaban muertos. Ella suplicó que le entregaran el cuerpo de su hija para sepultarlo, y le prometió que todo quedaría en silencio, que no acusaría a nadie ni tomaría ninguna medida de protesta.

Finalmente este militar de alto rango les dio una nota para que se dirigieran a la zona militar de Zacapa, donde ordenaba al jefe de la zona que le entregaran el cuerpo de su hija. La señora no se atrevió a ir sola, y con la persona que la acompañó, entregaron la orden al jefe de la base militar que no pudo negarse, e indicó a los subalternos que les dieran la ubicación de los cuerpos.

Ella contó, después, que los llevaron al lugar donde los habían torturado, y que vio los garrotes que habían usado para golpearlos, manchas de sangre y pedazos de pelo de su hija. Cuando estaban excavando para desenterrar los cuerpos, entre la tierra que sacaban salían fragmentos de huesos con partes quemadas. Los soldados les dijeron con frialdad que allí estaban las personas que buscaban, y que había que juntar los pedazos para llevárselos. Contó que estaban horrorizados, y que con el corazón destrozado, tomó la decisión de dejarlos descansar en el lugar, porque no era posible identificar a quién pertenecían los restos mutilados, como tampoco hubieran podido saber si se llevaban todas las partes de los cuerpos o si dejarían restos de cada uno dentro de la fosa común donde estaban.

Otros miembros de la guerrilla que fueron asesinados, fueron tirados en caminos vecinales o sitios baldíos. Aparecían luego de varios días de haber sido asesinados, cuando algún transeúnte que pasaba por el lugar, se daba cuenta del cuerpo tirado y avisaba a las autoridades.

Un caso muy comentado, incluso internacionalmente, fue el de una conocida y estimada estudiante de arquitectura, cuyo cuerpo fue salvajemente torturado, ultrajado y tirado debajo de un puente. Una persona que pasó por el puente vio el cuerpo y avisó a los bomberos para que la recogieran. Dice Margarita que las torturas que le hicieron fueron espantosas, y que muchas personas estaban conmocionadas por la crueldad y saña que tuvieron contra la estudiante. El caso fue tan mencionado, que el Departamento de Estado de los Estados Unidos escribió una carta al gobierno de Guatemala para llamar la atención por las atrocidades con las que la habían asesinado, y ordenó que los asesinatos no se hicieran con tanta saña porque en lugar de servir de escarmiento, más bien, atizaba el fuego de la inconformidad y la indignación. El resultado era favorable para el movimiento guerrillero, porque ganaban más simpatizantes que se unieran a la lucha del socialismo.

Durante esa época, las funerarias se mantuvieron muy ocupadas con tantas personas que aparecían asesinadas, hubo funerales tanto de guerrilleros como de militares o personas que trabajaban en contra de los guerrilleros.

Debido a la frecuencia de las muertes, en cada funeral coincidían las mismas personas que asistían a dar las condolencias, entre dos y tres veces en la misma semana. Unos porque pertenecían al mismo grupo, o porque eran amigos del fallecido o de la familia. Todos sabían que era peligroso que los vieran en los funerales, y poco a poco, las personas dejaron de asistir, porque era evidente que había personas encubiertas que estaban tomando información de quién asistía y era peligroso porque los podían asociar con la guerrilla.

Los métodos de tortura que el gobierno usaba eran un secreto a voces. Algunos de los que sobrevivieron para contarlo, dijeron que les habían puesto "La Capucha", la que describieron como una bolsa con insecticida en polvo, que le ponían en la cabeza, la amarraban al cuello, y cuando estaban a punto de asfixiarse, se las quitaban para que pudieran respirar y dieran la información requerida. Otros contaron que los habían metido en una pila con agua fría, y al no responder al interrogatorio como los judiciales esperaban, les daban toques eléctricos y luego suspendían la corriente para que respondieran; si no daban la respuesta que ellos esperaban, los amenazaban con darles otro toque eléctrico.

Algunos soportaban el dolor y sufrimiento ocasionados por la tortura y no daban información sobre su organización. Como resultado, eran torturados hasta la muerte. Otros, que no la soportaban, daban la información que les pedían, lo que provocaba la captura de los miembros de la célula guerrillera a la que pertenecían; después de tener la información que esperaban, los asesinaban y su cuerpo aparecía tirado en algún lugar desolado. Algunos de los capturados lograron salvar su vida, porque se volvieron informantes.

"Otto Rene Castillo y Nora Paiz" composición
fotográfica propiedad de Memorias de
Lucha Revolucionaria en Guatemala.

LOS CATEOS

La palabra catear significaba, para Margarita, una situación de tensión porque era el nombre común que le daban a los registros o inspecciones que la policía realizaba en las casas donde consideraban que podían encontrar reductos guerrilleros o materiales subversivos en contra del gobierno.

Su experiencia con los cateos se concretó a la información que recibía de sus primos, y la única vez que fueron a su casa a catear. Este fue un operativo a nivel general, donde el gobierno dio órdenes de catear todas las casas de la capital y esa vez, el ejército llegó a la casa de Margarita, al igual que llegó a las casas de todos los vecinos. Lo anunciaron en la radio, en la televisión y en la prensa escrita. Dieron un calendario de los días de cateo en cada zona, para que la gente estuviera en casa a la hora de la revisión. Fue realizada por el ejército en conjunto con la policía, las personas tenían que pedir permiso en el trabajo para estar en su casa ese día y los empleadores debían pagarles el día aunque no lo trabajaran.

El día que llegaron a su vecindario, Margarita, sus hermanas y su mamá esperaron todo el día, y a mediados de la tarde aparecieron los designados a revisar el área. A su casa llegaron como cinco miembros del ejército, dirigidos por un comandante jefe, que fue quien les habló; presentó sus credenciales y organizó la revisión. Él permaneció al lado de la mamá y las niñas. Se tardaron como dos horas y, como no encontraron nada, dieron las gracias y se fueron. No fueron groseros, no rompieron nada, revisaron el cuarto de servicio, el jardín, los armarios, las libreras, los muebles y hasta los juguetes. Luego de que se fueron, Margarita respiró tranquila y se dio cuenta de que la realidad de ellas fue muy diferente a las historias que ella había escuchado.

Cuando comentó con los primos que el cateo no había sido lo que ella había escuchado, ellos le explicaron que a las personas a quienes les cateaban su casa en varias ocasiones, regularmente estaban bajo vigilancia y, en algunos casos, al catear la casa, si encontraban evidencia de participación, la policía los capturaba y los consignaba como subversivos.

REDUCTO GUERRILLERO ZONA 15

Los reductos guerrilleros eran los refugios de los insurgentes, y estaban ubicados en diferentes zonas y vecindarios del país para evitar patrones de conducta que pudieran generar sospechas y desataran una vigilancia del gobierno. Cuando la lucha contra la guerrilla estaba en uno de sus puntos más violentos, el Ejército realizó un operativo en una casa de la colonia residencial Vista Hermosa, en la zona quince, que estaba ubicada muy cerca de dos colegios privados, uno de ellos con estudiantes extranjeros.

A las 10:00 de la mañana de un tradicional día de clases, el ejército se presentó con un fuerte contingente de miembros, a la dirección donde según información obtenida, operaba un reducto guerrillero. El ejército rodeó el área y trató de convencer a los guerrilleros para que se rindieran y entregaran las armas porque estaban rodeados. Como el reducto tenía mucha información valiosa y los integrantes de la célula eran dirigentes dentro del movimiento subversivo, la consigna de la guerrilla era no entregarse ni dejarse capturar vivos, porque sabían que la tortura era el siguiente paso, y el final sería una muerte tormentosa donde difícilmente podrían sostener el silencio.

Para el ejército era muy importante su captura por la información que obtendrían, pero los insurgentes no aceptaron entregarse y repelieron el ataque con el arsenal de armas que tenían en su poder. La lucha fue intensa, el cruce de fuego duró varias horas, y el ejército tomó la decisión de llevar tanquetas y artillería pesada, para lograr reducirlos y obligarlos a entregarse. Finalmente, el ejército no logró su objetivo y procedieron a bombardear a los guerrilleros, hasta que la casa quedó totalmente destruida. Todos los guerrilleros murieron en el combate.

La población de Guatemala en general, comprendía que era importante capturar a los guerrilleros, pero todos estaban muy asustados de que el ejército no tuviera ningún límite para realizar su acción bélica. No evacuaron el área residencial, ni siquiera previnieron a los colegios. El ejército cerró el paso en toda el área para que nadie se acercara; estaba completamente vedado el paso en un perímetro de varios kilómetros a la redonda. A las 4 de la tarde, los angustiados padres no podían acercarse a los colegios para recoger a sus hijos, y los carros estaban estacionados en el Boulevard Vista Hermosa, esperando a que dejaran el paso libre.

Mientras tanto, las personas que esperaban a sus hijos, salieron de sus carros para ver desde el boulevard Vista Hermosa el humo provocado por los disparos de las tanquetas y escuchar el tableteo ·de las ametralladoras que cruzaban fuego. Esa fue una tarde de angustia vivida por adultos y niños, todos ellos ajenos a una guerra en la que no participaban, pero que los rodeaba de la violencia que imperaba en Guatemala, una guerra que parecía que no acabaría nunca.

"Según se pudo comprobar en el lugar de los hechos, la casa utilizada como cuartel, ubicada en la 11 avenida 10-09 zona 15, Vista Hermosa 3, fue prácticamente demolida por el constante bombardeo con armas pesadas. Sus ocupantes murieron destrozados y aplastados por las grandes columnas de concreto con que estaba construida".

Diferentes tomas del enfrentamiento entre
guerrilla y el Ejército en la zona 15, julio 10,
1981. Hemeroteca de Prensa Libre.

"Padres de familia esperan a sus hijos, durante
el ataque al reducto guerrillero en Zona 15,
julio 10, 1981. Hemeroteca Prensa Libre.

REDUCTO GUERRILLERO EN ZONA 2

Años después ocurrió otro suceso similar al de la zona 15, en otra zona de la ciudad. Esta vez, los guerrilleros escogieron para su cuartel un vecindario cerca de una sinagoga y de una escuela primaria pública, ubicados en la zona 2.

El Comando Seis, encargado de las operaciones contra insurgentes, tuvo información de que un grupo guerrillero guiaba un carro Mitsubishi blanco para realizar sus operaciones, y en esta ocasión contaban con el número de matrícula que correspondía al vehículo. Este grupo estaba en contacto con varias células guerrilleras y se encargaba de designar las tareas de concientización y reclutamiento que cada célula a su cargo debería realizar, y les ayudaba a establecer estrategias de ataque contra el gobierno.

Los guerrilleros se desplazaban libremente en el carro Mitsubishi, cuando fueron detectados por el Comando Seis, sin percatarse de que los seguían continuaron su ruta, hasta que finalmente fue evidente e iniciaron de forma acelerada la huida, lo que se volvió una cacería por diferentes áreas de la ciudad, hasta que llegaron a la 7a. Avenida y 4a. Calle de la zona 1, donde el carro cruzó a la derecha de la sinagoga, luego continuó su fuga por la angosta 4a. Calle; al llegar a la casa destinada como cuartel, rápidamente introdujeron el carro al *garage* para resguardarse.

Tanto el Comando Seis como los guerrilleros realizaron toda esa maniobra a sabiendas que se desataría una balacera encarnizada en el lugar. Los guerrilleros sabían que era su única alternativa para morir en la lucha, porque en ese lugar contaban con armamento suficiente que les permitiría repeler el ataque de sus perseguidores. Ambos grupos disparaban entre sí y la balacera era indiscriminada. Los habitantes de las casas que rodeaban el reducto, al percatarse de la balacera y del peligro en que estaban, se resguardaron en su vivienda, buscando el lugar más alejado posible para evitar salir heridos en ese combate ajeno a ellos.

Al final de la contienda, murieron tres guerrilleros y el ejército confiscó armamento y documentos que evidenciaban las acciones de los rebeldes, el dinero que recibían para la lucha y la asignación de fondos para cada célula guerrillera que pertenecía al movimiento.

Cuando la guerra se incrementó, surgieron otros grupos guerrilleros que se unieron a la lucha y tomaron diferentes nombres. El PGT (Partido Guatemalteco del Trabajo); las FAR (Fuerzas Armadas Rebeldes); el EGP (Ejército Guerrillero de los Pobres y la ORPA (Organización del Pueblo en Armas). Todos conformaron la coalición URNG (Unidad Revolucionaria Nacional Guatemalteca) que era la organización líder. Aunque los grupos tenían la misma ideología y objetivos, cada grupo tenía sus propias reglas y políticas de ataque, y a eso se debió que algunos grupos fueran más violentos que otros.

Portada de Prensa Libre del 13/1/1984
donde se informaba sobre el hallazgo de un
reducto guerrillero. Hemeroteca PL.

"fotografías de grupos del ejercito y uno de los
tres muertos en el reducto guerrillero en zona 2,
Composicion fotográfica propiedad Memorias
de Lucha Revolucionaria en Guatemala.

GUERRILLEROS

Algunos guerrilleros pelearon por la justicia social y murieron en el intento, otros que tenían otro propósito se vendieron a los que ellos llamaban explotadores

LOS VEINTIOCHO

Durante su niñez, Margarita escuchó hablar sobre los 28, y era como escuchar el relato de los sobrevivientes de Los Andes, o los del accidente en las minas de Chile, solamente que esta no era una historia que tuviera un final feliz. La historia de los 28 se volvió una leyenda que los simpatizantes del movimiento socialista contaban; ellos fueron un grupo de intelectuales precursores del movimiento guerrillero que peleó por más de 30 años a favor de la justicia social y contra el Ejército de Guatemala.

Muchas de las personas que repetían esa historia, nunca conocieron a los protagonistas, porque todas esas personas al igual que Margarita, no vivieron en la época de los 28, y quienes contaban la historia, solamente seguían repitiendo lo que escucharon de las personas que siempre los recuerdan porque conocieron de cerca su lucha social.

Los 28 fueron personas destacadas dentro del medio sindicalista y participantes del movimiento socialista, con entrega total a la defensa de las clases menos privilegiadas. Dentro del movimiento, siempre fueron ejemplo de valor por su aporte a la sociedad, su lucha social, por la forma en que desaparecieron, por las torturas que cuentan que les hicieron, y también porque nunca aparecieron sus cuerpos. El ejército consideró que eran líderes peligrosos a favor del comunismo, y que su desaparición era importante porque tenían muchos seguidores; además de que su muerte era un escarmiento para el resto de la población rebelde.

Nunca se tuvo evidencia física de sus torturas, pero tanto la guerrilla como el ejército tenían informantes infiltrados y, a través de ellos, fue posible saber de las torturas que sufrieron y que sus cuerpos habían sido tirados al mar para no dejar evidencia de los hechos.

El 3 de marzo de 1966, capturaron en Retalhuleu a Leonardo Castillo Flores, lo interrogaron y luego lo asesinaron. Como el movimiento estaba en sus inicios, la intención de la tortura era obtener información sobre la organización, sus dirigentes y sus estrategias de lucha. El 6 de marzo capturaron a Víctor Manuel Gutiérrez, a quien también torturaron y asesinaron. Ambos dirigentes pertenecían al PGT, (Partido Guatemalteco del Trabajo, rama del partido comunista en Guatemala). El 31 de marzo del mismo año capturaron a otros miembros de la organización. Ellos son los que hasta la fecha se conocen como los 28 desaparecidos, pero que realmente fueron 32 los capturados.

Después de tanto escuchar la historia, los nombres más sonados le parecían familiares a Margarita, aunque ella nunca los conoció. Más adelante se enteró de que Víctor Manuel Gutiérrez viajó a Moscú, y junto a otro conocido comunista, José Manuel Fortuny Arana, diseñaron y redactaron el proyecto de la Reforma Agraria para el Presidente Jacobo Árbenz Guzmán (1951-1954).

Cuando contaban la historia de los desaparecidos y torturados, Margarita sentía que el miedo se apoderaba de ella, y aunque no comentaba al respecto, en la noche, en la penumbra de su cuarto le surgían las dudas, los temores y la angustia de que las llegaran a capturar; y como las historias de tortura que le contaban eran pavorosas, ella pensaba que si la capturaban, no podría soportar el dolor por mínimo que este fuera, y entonces pasaba las noches tratando de hilar una historia para aprenderla de memoria y tener algo que contar en el caso de que la torturaran, y así se quedaba dormida con un sueño inquieto y rodeado del temor de ser capturada.

Cuando Margarita creció y le fue posible tener acceso a documentos desclasificados por el Departamento de Estado de los Estados Unidos, pudo leer que se consideraba que Víctor Manuel Gutiérrez era un dirigente con mucha influencia dentro de la lucha social, y que no le convenía al Estado que siguiera vivo; que por eso fue capturado y asesinado, su cuerpo fue enterrado en el campo, aunque existen otras versiones del paradero de los cuerpos de los 28.

Para Margarita, el relato de los 28 fue la historia de horror que escuchó de niña y de la que más adelante pudo encontrar información de ambos lados; corroboró la veracidad del hecho, la existencia de los capturados, y supo que su muerte fue producto de la tortura practicada por el Ejército de Guatemala contra los socialistas.

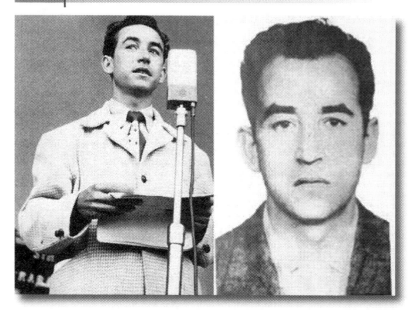

"Víctor Manuel Gutiérrez, líder socialista desaparecido
con el grupo de los 28" Propiedad de Memorias
de Lucha Revolucionaria en Guatemala.

"El Profesor Víctor Manuel Gutiérrez, con el líder Leonardo
Castillo Flores y cinco compañeros más fueron encarcelados
en la Penitenciaría Central, reclamados por sus familiares no
pudieron presentarlos a las autoridades judiciales y se rumoró
que los hicieron desaparecer en el mar del Pacífico, llevados
en avión -1963-1964- (Haeussler, 1983)."

Figueroa Sarti relata "los veintiocho fueron capturados entre
el 2 y el 5 de marzo, 1966, en diferentes puntos del país, en
forma separada, torturados y asesinados, que luego tiraron
los cuerpos al mar. (Figueroa Sarti, Blog sábado 3 de marzo
2012, Los 28 desaparecidos de 1966).

MACO

Maco, amigo de la familia que fue torturado y
asesinado. Foto del album familiar de Margarita.

Maco era estudiante de la Facultad de Humanidades de la

Universidad de San Carlos, era compañero de trabajo de la mamá de Margarita y amigo de la familia. Era muy querido y apreciado también por sus compañeros de la escuela del gobierno donde trabajaba como maestro de primaria. Maco tenía un gran aprecio por la mamá de Margarita y la visitaba con frecuencia, también era un buen amigo de Margarita y de sus hermanas, las trataba como si hubieran sido sus propias hermanas. Algunas veces, después de trabajar, llegaba de visita a la casa de Margarita y, otras veces las visitaba los fines de semana, jugaba, les leía cuentos y se quedaba a cenar con ellas.

Era muy tranquilo, calmado, de buen carácter, callado y muy respetuoso. Nunca se le vio enojado o que hablara con altanería.

Aunque Maco no conoció a su madre, porque murió cuando era muy pequeño, siempre decía que la extrañaba, y que su vida hubiera sido más fácil si ella hubiera estado a su lado.

Un día, estaban todos reunidos jugando lotería y como a las siete de la noche Maco se empezó a despedir, pero se distraía platicando o seguía jugando y decía que se tenía que ir, pero también mencionó que no quería irse. Todos creyeron que no se quería ir porque estaba muy contento jugando, y como otras veces se despedía pero se quedaba hasta muy tarde, le dijeron que mejor no se fuera y se quedara a dormir.

Siguieron jugando, y una de las hermanas de Margarita dijo que tenía un mal presentimiento y le dijo que mejor no se fuera, ella se puso muy nerviosa y empezó a llorar; Margarita y sus hermanas también se asustaron y se pusieron a llorar. Él se preocupó al verlas y, para tranquilizarlas, decidió quedarse. No hizo ningún comentario pero estaba nervioso, aparentó tranquilizarse y siguió jugando. Cuando estaban cenando, como a eso de las 8:00 de la noche, sugirió que sintonizaran la radio para escuchar el partido de futbol, que todos los miércoles en la noche ocurría en el estadio nacional. Su sugerencia no tenía nada extraño, porque todos seguían el resultado de los juegos.

Estaban escuchando el partido y sin razón se interrumpió la transmisión un momento, enseguida se escuchó una grabación en contra del gobierno. El locutor, desde la cabina del estadio, no pudo interrumpir la transmisión del mensaje porque se estaba enviando desde la planta central de la radioemisora que estaba en las afueras de la ciudad. De inmediato la policía llegó a la cabina de la radio y, como no encontraron nada, se fueron a la central de la radio para capturar a los responsables. Todo fue en vano, porque cuando la policía llegó, la grabación ya había terminado y los insurgentes se habían retirado.

Tiempo después se enteraron de que Maco tenía que ir y participar en esa misión, ellas no saben qué rol le tocaba desempeñar, pero él tenía que estar en la transmisión del mensaje. Ellas no sabían que él era miembro de esos grupos, que su pensamiento era socialista, y tampoco que fuera miembro de la guerrilla. Él tampoco comentó sobre su participación, y no se habló más del asunto, todo quedó como una acción de los guerrilleros para denunciar al gobierno.

Pasó el tiempo después de ese incidente y Maco se ausentó varios días, a la mamá de Margarita también le extrañó que tampoco se había presentado a trabajar. Como en ese tiempo los teléfonos no eran tan populares, la comunicación no era tan fácil, así que no se podían comunicar con él. Pensaron que tal vez estaba enfermo y esperaron a que llegara.

Sucedió que Jorge, un compañero de trabajo de Maco que también estaba involucrado en el movimiento guerrillero, se tuvo que esconder porque lo estaban siguiendo, y como Maco era el único que sabía dónde estaba escondido, la mamá de Jorge fue a buscar a Maco al trabajo y le pidió que le llevara ropa. Maco se la llevó, pero no se percató de que habían seguido a la mamá, y cuando salió de la escuela con el mismo paquete, lo siguieron y capturaron a los dos. Tanto Jorge como Maco se desaparecieron como ocho días, luego se supo que habían aparecido dos cuerpos torturados en un camino cerca de Antigua. La familia les contó que sus cuerpos estaban totalmente desfigurados, que a Maco lo reconocieron por unos lunares y por su pelo rizado. Margarita y sus hermanas estuvieron en el funeral pero no fueron al sepelio. Era peligroso estar en esos sepelios, y ellas eran pequeñas.

Esa fue la primera vez que experimentaron la pena y tristeza de la muerte de un amigo que se había involucrado en la guerrilla, y que pagó con su vida su participación.

Nunca supieron qué tan alto era el cargo que Maco desempeñaba en la guerrilla, pero suponen que habrá sido alto, por las torturas y porque lo asesinaron.

CARLOS

Margarita conoció a Carlos en las celebraciones de cumpleaños de algunos familiares, y aunque no pertenecía a la familia, todo el grupo lo consideraba parte de ella, por lo que Margarita nunca preguntó el vínculo que los relacionaba.

Carlos era de mediana estatura, delgado y de voz carrasposa. Era callado, educado, y su grupo de interacción era con los adolescentes. Sus bromas, al igual que las del resto de la familia eran fuertes, muchas veces burlonas y alegres porque siempre reían a carcajadas, aunque la risa de él era menos sonora que la de los demás.

Carlos tenía más apariencia de tímido que de serio, aunque la diferencia generacional era mucha, a Margarita le caía bien y lo recuerda, aun así, en muy pocas ocasiones interactuaron en conversaciones durante la adolescencia de Margarita, porque nunca fueron amigos.

Más adelante, cuando la brecha generacional lo permitió, Margarita podía escuchar las conversaciones que los primos sostenían con Carlos, y allí pudo detectar que Carlos tenía un pensamiento socialista y que no estaba de acuerdo con las políticas del gobierno, porque a sus críticas agregaba palabras como oligarquía y burguesía.

Con el tiempo se fue alejando y ella perdió contacto con él por muchos años, pues ya no asistía a los cumpleaños ni a las fiestas en fechas especiales, y ella tampoco preguntó por él.

Pasaron varios años, y una vez que ella iba en bus hacia el colegio y lo vio en la parada, le hizo señas para saludarlo, pero él volteó la cara. Pareció que se hubiera hecho el desentendido y que no la había querido saludar, lo que a Margarita le molestó porque no había ninguna razón para que no la saludara.

No volvió a pensar en el asunto, hasta que un día habló con uno de los primos y le comentó lo del saludo. Su primo le llamó la atención, y le dijo: *"cuando lo vuelvas a ver, no lo saludes. A él nunca lo saludes, a menos que él te salude"*. Ella se quedó extrañada, entonces él agregó: *"él no te saludó para no ponerte en peligro"*. Ella entendió que no lo debía saludar en la calle, y no preguntó por qué, pero se quedó con el comentario dando vueltas en su cabeza.

En la noche no podía pensar en otra cosa, y después de procesarlo por un buen tiempo, recordó que vio a Carlos el día de los atentados con bombas en el centro. No le consta que él haya participado en el atentado, pero igual se asustó. Lo que le dijo su primo fue la prueba de que Carlos estaba en el movimiento guerrillero, y mejor se calló para que no se dieran cuenta de que ella sabía en los pasos que andaba Carlos.

Pasaron muchos años y de nuevo perdió de vista a Carlos, pero nunca preguntó por él a nadie. Una vez, visitando a un familiar, coincidieron con que él también estaba allí de visita. Le dio gusto verlo, aunque le dio una sensación extraña porque él ya era otra persona. Estaba más viejo, pero se miraba que tenía buena constitución física, usaba una camisa verde, Margarita se percató de la marca y le llamó la atención que no era una camisa barata. Estaba con su esposa y hablaba como siempre, muy seguro de lo que estaba diciendo, analizando los hechos políticos, conversando sobre cómo se estaban desarrollando las actividades políticas y hablando con mucho desprecio de las acciones del gobierno. Toda la conversación se centró en la política, el gobierno y la situación del país. Carlos contó que se había casado nuevamente y que tenía hijos.

Por la manera en que se expresó, Margarita entendió que Carlos estaba dentro de la guerrilla en una buena posición, porque no se miraba maltratado por la vida. Ella lo saludó, no intervino en la plática. Él hablaba con otras personas que estaban allí, pero a Margarita le provocó una sensación de molestia escuchar la conversación y al mismo tiempo pensó, sin decirlo, que era una vida desperdiciada en una guerra que desde entonces ella sabía que no conduciría al país a nada beneficioso.

Desafortunadamente, su cargo no lo salvó de la muerte, y en algún momento Margarita se enteró de que alguien le avisó a su familia de la muerte de Carlos, pero no tuvieron la oportunidad de sepultarlo. Sintió mucha pena por ellos pero no se dio por enterada, porque ellos tampoco le comentaron sobre el hecho.

EL TAXISTA

Margarita conoció a Eduardo, era un adolescente simpático, alto, de tez morena, con las inseguridades normales de la adolescencia, pero con la ambición de todo ser humano de encontrar su lugar en la vida. Luchaba por su identidad en un ambiente saturado de política, que le dio como herencia el pensamiento socialista, pues la influencia de su padre y amigos del barrio, fueron la escuela que lo formó y educó en esas teorías de tendencia comunista, porque ellos eran personas que se auto nombraban revolucionarias y que se involucraron en la guerrilla para salvar al país de los ricos explotadores.

Eduardo siguió el ejemplo de su padre y de algunos amigos, se inició en la militancia guerrillera urbana, colaborando en pequeñas tareas como repartir propaganda y llevar mensajes a diferentes personas que también pertenecían al movimiento.

Las misiones escalaban en importancia y eran más delicadas, les encomendaban responsabilidades que cada vez demandaban más control de las emociones y una gran dosis de sangre fría para realizarlas. Eduardo estaba consciente de eso, a veces le era difícil mantener esa fuerza interna y seguridad en sus pasos, pero además de que ya tenía en su cabeza y en su espíritu el pensamiento socialista, también estaba comprometido con la responsabilidad moral que le inculcaron en su casa. Realmente se esforzaba por cumplir, mantenerse dentro del movimiento y poder llegar a ser un miembro importante en su grupo.

Cuando ya tenía un buen tiempo involucrado en el movimiento y había cumplido algunas misiones, le asignaron a un grupo de trabajo para iniciarlo en tareas más delicadas e importantes, pero que requerían mucho auto control para su realización. La misión consistía en secuestrar a un taxista que habían comprobado que era miembro encubierto de la judicial, y que había delatado a algunos compañeros del movimiento a quienes habían apresado y torturado hasta la muerte. Era una misión importante, pero al mismo tiempo requería mucho temple, porque además del secuestro, debían asesinarlo para que pagara por su responsabilidad en la captura de los guerrilleros que él había delatado, y además había que quitarlo del camino para que ya no hiciera más daño al movimiento.

Esa era la primera misión en la que Eduardo debía demostrar su auto control y su entrega a la causa. Era delicada, incluía asesinato, y como era la primera con ese tipo de desenlace, les indicaron que todos tenían que disparar a matar al mismo tiempo, para involucrar a todos en la misma medida y así nadie sabría cuál sería la bala que acabaría con la vida del taxista, y todos podrían compartir el mismo grado de responsabilidad.

Eduardo entró en angustia, porque esa misión representó romper con todos los principios morales de conservar la vida y, por el otro lado, si no lo hacía era defraudar a sus compañeros y más a su padre, que confiaba en que Eduardo podría llegar a ser un alto dirigente de la guerrilla, por sus conocimientos y sus estudios universitarios.

En el momento final, cuando tocaba disparar, Eduardo tuvo un ataque de pánico, sintió miedo, remordimiento, angustia y no pudo hacerlo, porque dentro de su ser no quería esa responsabilidad moral de quitarle la vida a un ser humano. Desafortunadamente, esos grupos no permiten ese tipo de debilidades y mucho menos negarse a cumplir con la orden. El jefe del grupo no lo dejó evadir la responsabilidad adquirida, y tuvo que disparar, aunque lo hizo en un lugar que no era mortal para el taxista.

Al concluir la misión, Eduardo temblaba, e innumerables pensamientos cruzaron su cabeza. Miedo, inseguridad, remordimiento, era difícil determinar el torbellino que tenía dentro de sí, pero era la lucha entre la decisión de ser valiente y luchar por un ideal, o la de ser juez y decidir sobre la vida de un ser humano. Estaba en shock y entró en depresión, entonces decidió buscar ayuda para entender sus sentimientos encontrados. Esa ayuda la encontró en una persona muy querida para él, y ella era la mamá de Margarita.

Isabel lo escuchó, y viendo su estado emocional, le dijo que era mejor que se alejara de su entorno un poco para que pudiera reflexionar y decidir si quería continuar con esa lucha. Le ofreció su casa, para que no tuviera ninguna interferencia de parte de ninguna persona cercana a él. A Eduardo le pareció una opción viable, ya que Margarita y sus hermanas se encontraban de viaje fuera de la ciudad y él podría reflexionar sin la presión de nadie y sin necesidad de dar explicaciones sobre su permanencia en la casa.

Se sabe que entrar en grupos clandestinos es más fácil que salir, porque una vez involucrados, conocen gente, lugares y planes de acción que ponen en riesgo si alguien se sale. Ese era uno de los problemas más grandes de superar.

Un día llegó de visita un personaje que Isabel conocía y sabía sobre sus tendencias socialistas. Como no se relacionaban ni se visitaban, ella sabía que la visita estaba relacionada con Eduardo, así que no lo invitó a entrar a la casa, lo atendió en la puerta porque se imaginó que llegaba a visitar a Eduardo. Cuando esta persona le habló y le dijo que quería hablar con Eduardo, ella no dejó que le hablara, y le sugirió que sería bueno que el movimiento guerrillero se asegurara de asignar tareas de ese tipo, a personas que estuvieran preparadas emocionalmente para realizarlas. El dirigente le comentó que tenía la misión de regresarlo para que se integrase formalmente a la lucha, y que se lo iba a llevar.

Isabel no permitió que hablaran, el dirigente se incomodó, discutieron sobre su verdadera ideología social y su poca entrega al movimiento, pero al final se fue muy molesto porque no pudo hablar con Eduardo, quien pudo tomar el tiempo para sanar y tomar por sí solo la decisión de su participación.

Eduardo logró salir de esa crisis, siempre se involucró en el movimiento, pero dentro de la rama intelectual. Años más tarde, al terminar sus estudios universitarios tuvo necesidad de salir del país para resguardar su vida. Eduardo pasó muchas penas en el exilio, aprendió a sobrevivir con lo poco que lograba ganar, se hizo de un nombre dentro del gremio de su profesión y después de la firma de la paz, regresó al país para desenvolverse profesionalmente.

ESTUDIO ABIERTO

Mario Solórzano era el director del programa Estudio Abierto, que presentaba las noticias diariamente en uno de los principales canales de televisión. Margarita siempre miraba el programa porque su enfoque era profesional y además presentaba diálogos con personas notables del país y de la actualidad nacional, además de ser imparcial en la presentación de las noticias y los sucesos de la vida diaria; era serio, callado, en algunas ocasiones parecía tímido, y logró un *rating* muy alto entre los noticieros del país. Mario Solórzano era el moderador y presentador del programa.

Al igual que muchas personas, Margarita no conocía la historia familiar de Mario Solórzano, y lo consideró como un reportero entregado a su profesión, sin embargo, más adelante se enteró de que realmente era un informante de la guerrilla, que estaba infiltrado y contaba con toda la confianza del gobierno, y su participación como periodista le dio acceso a mucha información valiosa para el movimiento guerrillero.

Su programa desapareció de la televisión de un día para otro, nunca dieron ninguna explicación y fue una sorpresa cuando ella se enteró de que él era integrante de la guerrilla. Al principio, cuando escuchó la versión de que era guerrillero y que había muerto en combate, no lo creyó, pensó que era una más de las informaciones subterráneas que se escuchaban, pero más adelante se enteró de que sí pertenecía al movimiento social y que, en su papel de infiltrado, se pudo enterar de las estrategias del gobierno en la lucha anti-guerrillas.

Tanto la mamá de Mario Solórzano, como el papá, eran de tendencia socialista, y habían trabajado para el gobierno de Jacobo Árbenz , cosa que les obligó a salir exilados hacia México, junto con otros colaboradores de Árbenz y dirigentes del PGT.

Mario Solórzano creció en México y estudió en la UNAM, luego estudió periodismo en Europa, pero la tendencia izquierdista estaba en sus venas desde la cuna. Después de varios años de exilio, regresó la familia a Guatemala y se integraron en sus actividades periodísticas, pero también en las políticas.

Juan Pablo, uno de los hermanos de Mario, también se integró en la guerrilla y fue muerto en un combate en Nebaj, su cuerpo nunca fue recuperado. Su madre, que era poeta y escritora, hizo peticiones al gobierno para que le entregaran el cuerpo de su hijo, pero no fue escuchada; el 22 de diciembre de 1980 fue capturada y desaparecida.

Mario Solórzano se integró a la lucha de la guerrilla, y al igual que su hermana, entraron en la clandestinidad. Dentro de sus actividades para establecer estrategias, acordó una reunión en casa del sacerdote jesuita Luis Pellecer Faena, que también era miembro de la guerrilla. Solórzano no sabía que Pellecer Faena se había vuelto informante del ejército, y que había delatado detalles de la reunión guerrillera que se llevaría a cabo en su casa. Mientras conversaban, entró el ejército, y Mario Solórzano fue abatido en el combate. Unas personas dicen que este enfrentamiento ocurrió el 5 de junio de 1981, y otras dicen que fue el 9 de junio del mismo año. Lo cierto es que Mario Solórzano estuvo en ese enfrentamiento y murió, pero su cuerpo, al igual que el de su hermano y el de su mamá, nunca apareció. Se sabe que los tres murieron, pero la familia nunca pudo tener sus cuerpos para sepultarlos.

El recordado programa Estudio Abierto en 1976 donde debatieron los candidatos presidenciales, Manuel Colom Argueta y Alejandro Maldonado Aguirre. Al centro, Mario Solórzano Foppa, moderador del diálogo y director del noticiero. Hemeroteca Prensa Libre.

TERRORISMO

El terrorismo lo usaron los dos bandos para crear inestabilidad e inculparse unos a otros. Al final, los golpes los recibió el pueblo y los inocentes que murieron.

CINE ABRIL

La experiencia que Margarita y sus hermanas tuvieron en el cine Abril fue tan fuerte y cruda, que el trauma de la vivencia ha perdurado en su vida a través de los años. Ocurrió una tarde, cuando las empleadas que las cuidaban las llevaron al cine para pasar un rato ameno mientras su mamá estaba trabajando. Decidieron ir al cine Abril, que estaba ubicado en una plazuela del mismo nombre, porque estaba dentro de su vecindario, y porque ese cine exhibía en su mayoría películas en español, y como ellas eran pequeñas, todavía no tenían desarrollada la destreza de leer los subtítulos en la pantalla.

Como la decisión se tomó a última hora, llegaron tarde, el cine estaba oscuro y la película ya había empezado. Entraron con paso vacilante en la oscuridad, porque el acomodador alumbraba el camino con una linterna de mano sin preocuparse si lo seguían; Margarita lo siguió y se encaminó rápidamente hacia la sala grande, donde buscó en medio del auditorio, lugar para todas en la misma fila, y además para no quedar muy cerca de la pantalla.

Una de las muchachas le tiró de la mano para decirle que mejor se fueran a un palco, porque allí se veía mejor y, además, no tendrían el problema de que alguien les bloqueara la visibilidad; así que se fueron al segundo nivel y entraron a un palco privado, se sentaron y estuvieron muy contentas aproximadamente media hora viendo la película. Súbitamente se interrumpió la transmisión, el cine se quedó en silencio y, en una fracción de segundo, se escuchó un ruido estruendoso que hizo retumbar la sala, se interrumpió la película y todo se quedó a oscuras.

Margarita y sus hermanas se asustaron porque en la oscuridad se escucharon gritos, las empleadas inmediatamente trataron de calmarlas hablando y diciéndoles que no había problema, que ya todo se iba a calmar porque eran solamente personas asustadas que gritaban. Todo estaba bien, hasta que se empezaron a escuchar las sirenas de las ambulancias, los gritos incrementaron y se podía escuchar el llanto de niños asustados. El ambiente era caótico y ellas, a pesar de estar asustadas, se quedaron sentadas hasta que les indicaron que había que evacuar el cine.

Salieron a oscuras guiadas por las lámparas del personal del cine. Al salir, no pasaron por la sala principal, sino que las condujeron hacia la salida de emergencia que estaba a un costado del cine. Conforme iban saliendo, escuchaban que la gente murmuraba, nadie sabía qué había pasado, pero cuando llegaron a la calle escucharon que las personas comentaban que había estallado una bomba en el cine, que había abarcado dos filas de asientos y que había varios heridos.

Ellas siguieron caminando y continuaban escuchando los comentarios que cada vez ampliaban más la información. Más adelante, mientras caminaban, se enteraron de que había sido una granada de mano, que del impacto se había abierto un agujero en el piso del cine y que un hombre muerto estaba adentro, además, que había muchos heridos.

Ellas estaban muy asustadas y querían salir, pero había mucha gente en el parque y costaba mucho caminar, porque todos querían ver qué pasaba. Las empleadas también trataron de alcanzar la calle, pero como no podían avanzar, se quedaron esperando a que la gente se moviera entre el grupo de personas que estaba atrás de la policía. Desde allí pudieron ver cómo sacaban a los heridos. Algunos salían en camillas y a otros los sacaban cargados en brazos; todos tenían la expresión de susto, la cara pálida, estaban golpeados en diferentes partes del cuerpo y tenían la mirada perdida, como que no entendían qué estaba pasando, pero con expresión de dolor en su rostro. Sus ropas estaban desgarradas y sangrando.

Margarita recuerda especialmente a una mujer que llevaban cargada y tenía las piernas destrozadas por las esquirlas de la bomba, la tierra estaba mezclada entre la sangre y los pedazos de piel de las heridas. Detrás de ella, un hombre llevaba en sus manos un suéter que parecía ser de una niña; a Margarita le impresionó el color verde del suéter con manchas rojizas, que dejaba un rastro grueso con la sangre que goteaba de él. Más tarde, a través de las noticias, se enteraron de que la mujer a la que sacaron cargada le habían amputado las piernas, que estaba tan lastimada y que había perdido tanta sangre, que había fallecido.

Cuando Margarita presenció ese acto terrorista tenía 7 años de edad, y sus hermanas unos años más, pero vivieron una de las peores tragedias de su vida, y hasta muchos años después se percataron del peligro en que habían estado. Estaban muy asustadas por la terrible experiencia vivida, e impresionadas por las escenas sangrientas que habían presenciado.

Ella recuerda cuando estaban en la casa contándoles a su papá y a su mamá lo ocurrido, pero en su memoria hay un lapso que está perdido. Ha tratado de recordar, pero no tiene ni la menor idea de cuánto tiempo estuvieron viendo la escena, y tampoco si caminaron hacia la casa o tomaron un bus para regresar. Es como que si en ese momento hubiera perdido conciencia de la realidad.

Esa fue la experiencia más cercana que Margarita tuvo con la guerrilla, donde ella pudo ver el daño que el terrorismo les hizo a las personas que estaban en una diversión sana, fuera del ambiente de guerra que ocurría en el país.

Portada de Prensa libre, "Estalla bomba terrorista en el Cine Abril, julio 10, 1981. Hemeroteca PL.

LAS BOMBAS

El terrorismo se incrementó en la ciudad, y el ambiente de inseguridad mantenía a la población temerosa de que en cualquier lugar y a cualquier hora pudiera ocurrir un atentado. Las alarmantes noticias, la crudeza de las fotos y la televisión enseñando los destrozos, heridos y muertos por los atentados, ayudaban a incrementar entre los ciudadanos la incertidumbre y el temor ante el peligro en que la población se encontraba, por eso todas las personas tomaban precauciones al salir de su casa, tenían mucho cuidado a dónde iban y con quién se relacionaban. Muchos optaron por la opción más segura, que era permanecer en sus hogares sin arriesgarse.

La sexta avenida era un lugar muy concurrido después del horario escolar, los jóvenes tenían sus lugares preferidos para reunirse y pasar un rato agradable con sus amigos. Uno de estos lugares era la Cafetería Hawái, ubicada sobre la 6a avenida y 11 calle de la zona 1.

Esta cafetería fue blanco de un atentado guerrillero y, según las noticias de esa época, una estudiante llevaba una bomba en su bolsa de libros y la bomba explotó mientras ella estaba sentada con otros amigos en la cafetería. La televisión mostró los destrozos, los pedazos de vidrio esparcidos por la calle y, dentro de la cafetería, también enseñaron escenas dramáticas de los muertos y heridos. Fue una escena dantesca, porque la estudiante quedó destrozada, al igual que los que estaban con ella.

Nunca dieron información si le pusieron a la estudiante la bomba en su bolsa, o si ella estaba involucrada en el atentado y la bomba explotó antes de cumplir con su misión. Todos comentaban que había sido una masacre, las noticias fueron crudas y como resultado del hecho, el gobierno decretó nuevamente el toque de queda.

Además de la bomba en la Cafetería Hawái, la guerrilla también atacó al gobierno con bombas en diferentes puntos de la ciudad, aunque esta vez, no solamente dañó propiedad del Estado, sino que el terrorismo alcanzó a la iniciativa privada y al mismo tiempo, a la población civil que se encontraba en los lugares que sufrieron los atentados.

Usaron la estrategia de carro-bomba que estacionaban en edificios públicos pertenecientes al CACIF, que es la asociación donde están agrupados los empresarios bancarios, cafetaleros y empresas privadas, que la guerrilla consideraba como explotadoras de la población. Los ataques se concentraron en instituciones como la Corporación Financiera Nacional, el Banco del Café, el Centro Financiero del Banco Industrial, la empresa de transportes Galgos, la refinería Texaco en el Puerto de San José, el edificio de la Cámara de Industria, y además, también sufrieron ataques las fincas de la costa sur, que los guerrilleros consideraban a sus dueños explotadores de los trabajadores y colaboraban con el ejército para atacar a la guerrilla.

Durante 1989 hubo muchos ataques terroristas, y la población estaba amedrentada por esa vorágine de violencia que envolvía al país, pero documentos desclasificados de la CIA informan que el ejército les reportó que ellos usaron granadas de mano en algunos lugares, para inculpar a la guerrilla y poner a la población en contra de los guerrilleros.

Portada de Prensa Libre que muestra los daños ocasionados por una bomba terroristas al edificio del Banco Industrial. Hemeroteca de PL.

BOMBA EN EL PARQUE CENTRAL

A pesar de que Margarita ya era adulta y tenía una hija, la etapa de gobierno del general Romeo Lucas García está considerada como una de las más violentas en la lucha contra la guerrilla. Esta vez fue diferente, porque aunque ya se había acostumbrado a la guerra, a las muertes, a los ataques terroristas y a los asesinatos violentos a la luz del día, ella siempre se mantuvo al margen, pero esta vez se vio obligada a participar a favor del gobierno, pues este incrementó la represión contra la guerrilla, y al mismo tiempo los guerrilleros desataron una serie de ataques terroristas con bombas en contra de instituciones del gobierno.

Aparecieron grupos anticomunistas que se tomaron la ley en sus manos, y asesinaron a muchos catedráticos universitarios y a dirigentes sindicales, y los guerrilleros atacaban con saña para descargar su odio hacia los militares.

Toda esa violencia desenfrenada que se sufría, hizo crecer el descontento de la población, que sentía que cada día su vida y la de su familia peligraban, y el gobierno estaba consciente de ello. Para demostrar que la población aprobaba las acciones del gobierno, el general Lucas ordenó que se organizara una manifestación a nivel nacional, donde todos los empleados públicos debían asistir un domingo al Parque Central para demostrar su respaldo al gobierno en sus acciones en contra de la guerrilla. La participación fue "voluntaria", pero el empleado que no asistiera a manifestar, sería despedido por el gobierno, bajo la causal de que no cumplía con su trabajo. Margarita trabajaba como maestra en un instituto nacional, así que ella también tuvo que ir a la manifestación.

Un día antes, un grupo subversivo hizo estallar un carro bomba entre los taxis que estaban alrededor del Parque Central, frente al Palacio Nacional. Un taxista murió en el momento, al igual que un lavador de carros. Hubo muchos heridos y muchos daños materiales alrededor del parque; entre los daños estaban los vitrales antiguos del Palacio Nacional, que restaurarlos costaría miles de quetzales, porque fueron fabricados en Alemania en tiempos del general don Jorge Ubico, en 1943.

El gobierno informó que el ataque había sido por parte de la guerrilla, para que la gente no fuera a la manifestación; la guerrilla no se manifestó en torno al ataque, aunque muchos años después, ellos aceptaron que el ataque había sido un desafortunado accidente de una estrategia mal calculada en contra del gobierno, porque se suponía que la bomba no tenía que estallar a esa hora, pero cualquier explicación no justificó los daños, los muertos, y tampoco el temor de todas las personas que tuvieron que asistir a esa manifestación obligatoria.

El gobierno movilizó grupos de apoyo desde el interior de la república, e hizo mucha publicidad para demostrar el éxito multitudinario de la concentración.

Margarita fue una de las asistentes, pero no por darle apoyo al gobierno, sino porque de ello dependía su trabajo. Cuántas personas estaban en la misma posición de ella, probablemente miles, pero nadie podía ni siquiera comentarlo porque sería sujeto de investigación por estar en contra del gobierno. Ella tenía tanto miedo, que preparó todas sus cosas por si se desataba algún disturbio durante la concentración.

Para evitar quedar atrapada en el tráfico, se desplazó al Parque Central en transporte colectivo, llevaba pantalón de lona y una identificación en una de las bolsas. Puso algo de dinero en otra de sus bolsas del pantalón, no usó cartera y se calzó con zapatos tenis por si le tocaba correr o caminar una larga jornada. Dejó a su hija encargada con una empleada en casa de su mamá y, entre rezos y angustia, se dirigió a cumplir con esa obligación que le generaba miedo solo de pensar que pudiera haber un desenlace violento.

Margarita se situó donde el director de la escuela les indicó, lejos del Parque Central y cerca de la Biblioteca Nacional, donde había menos gente y, por lo tanto, más espacio para correr y salir del área en el caso de que hubiera disturbios. Hubo un momento de tensión y miedo, cuando en una de las esquinas del parque se escuchó un ruido estruendoso entre la gente que gritó y se movió violentamente. Algunos corrieron, pero la calma llegó rápido porque el suceso se dio al romperse la rama de un árbol donde algunos participantes se subieron para protegerse de la turba, por si ocurría algo. Varios trataron de seguir la buena idea de unos cuantos, y el árbol cedió ante el peso de tanta gente, se rompió la rama y todos cayeron al piso en un estruendoso grito. Unos cuantos raspones, un montón de gente asustada y corriendo para protegerse de un supuesto peligro. Después, hubo risas de todos por el susto, pero como cuenta Margarita, todo eso fue el resultado del miedo que tenían los participantes de un evento político al que tenían que asistir para conservar el trabajo.

Finalmente se disolvió la manifestación y todos se fueron a su casa sin mayor trascendencia. Solamente el gobierno hizo gala del multitudinario apoyo que tenía por parte de la población, y de la confianza que el pueblo tenía en las decisiones presidenciales.

Portada de Prensa Libre que muestra los daños que ocasionó una bomba terrorista en el Parque Central frente al Palacio Nacional. Hemeroteca de PL.

ASESINATOS

Ambos grupos asesinaron a sus enemigos, se sufrió la pérdida de vidas útiles para los dos grupos, pero ambos asesinaron a víctimas que no estaban involucradas en el conflicto.

GORDON MEIN

Fotografía de John Gordon Mein, embajador de
Estados Unidos asesinado por la guerrilla, propiedad
de Transdoc, Justice in Guatemala 44 years later

El atentado del embajador Gordon Mein produjo mucha preocupación a la población, por la escalada de violencia en el país, y porque los guerrilleros habían llegado al colmo de Tocar al cuerpo diplomático sin importar las consecuencias que ese crimen desataría a nivel internacional.

Todos sabían que atacar al representante del gobierno de los Estados Unidos en Guatemala, era rebasar los límites ante todo el mundo, porque Estados Unidos era intocable y ese ataque sentaba un precedente muy malo en la historia de la guerra.

El embajador John Gordon Mein fue nombrado para la sede de Guatemala en 1965, y había tenido una trayectoria profesional eficiente en Río de Janeiro, Roma, Oslo, Yakarta y Manila. El nombramiento coincidió con el auge del movimiento guerrillero en Guatemala. Para los guerrilleros, Estados Unidos era el enemigo público número uno, porque colaboraba con el gobierno para la lucha antiguerrillera, lo que constituía un ataque directo al país, que estaba financiando al ejército en la guerra fría.

La guerrilla decidió implementar el secuestro como una de sus estrategias, para atacar al gobierno y para financiar sus operaciones, porque la entrada de las asignaciones económicas se complicaba cada vez más, además de que los miembros dentro de su organización habían aumentado, lo que representaba también más gastos. La captura del líder guerrillero Camilo Sánchez, los motivó a planificar el secuestro del embajador Gordon Mein, para canjearlo por dinero que los aliviaría económicamente, porque cada vez era más difícil recibir las asignaciones monetarias que sostenían a la guerrilla, además de lograr la libertad de su líder.

El 28 de agosto de 1968, después de un almuerzo con el canciller Emilio Arenales Catalán, aproximadamente a las 3:30 de la tarde, el embajador de Estados Unidos se dirigía hacia la embajada, sobre la Avenida de la Reforma, cuando dos vehículos le interceptaron el paso, a punta de ametralladora lo sacaron de la limosina y le ordenaron que entrara en uno de los carros que tenían preparados para ejecutar la misión. El embajador sabía que este hecho era perpetrado por guerrilleros, también supuso las cosas terribles que le harían durante su cautiverio, y que al final el resultado sería la muerte, así que se negó a ser secuestrado y decidió correr para escapar. Los guerrilleros le dispararon por la espalda con ráfagas de ametralladora que acabaron con su vida.

Desafortunadamente, en Guatemala no se respeta el protocolo de avisar primero a la familia, y tampoco se maneja el secreto en las noticias. Un periodista llamó a la casa del embajador para preguntar si era cierto que lo habían asesinado, y cuando las autoridades de Relaciones Exteriores llegaron a la casa del embajador a dar la noticia, su esposa ya estaba enterada del hecho, debido a la filtración de información.

Ese hecho causó gran conmoción en el cuerpo diplomático, y varios personeros de la Embajada de Estados Unidos, tomaron la decisión de retirarse del país por considerar que su vida estaba en peligro y que en el país no existían las garantías necesarias para su seguridad ni la de su familia. Fue una noticia que conmocionó a todo el mundo, pues nunca antes se habían atrevido a secuestrar a un embajador de Estados Unidos, y mucho menos a matarlo.

Este tiempo fue uno de los más violentos entre la guerrilla y el ejército, donde cada uno de los grupos se atacó sin pensar que los serios golpes que asestaron realmente estaban hiriendo al país, porque estos ataques repercutieron en todos los niveles de la sociedad guatemalteca.

Rusia financiaba a los guerrilleros y los entrenaba en Rusia y Cuba en la lucha contra el gobierno, y una de sus estrategias fue incrementar el terrorismo como ataque al gobierno. A través de archivos desclasificados, Margarita pudo enterarse del apoyo económico y logístico que Estados Unidos proporcionaba a Guatemala para la lucha contra la insurgencia, lo que provocó el resentimiento de los guerrilleros al considerar que Estados Unidos no estaba respetando la soberanía del país, porque estaba entrenando en tácticas antiguerrilleras al ejército, y al mismo tiempo ofreció becas a oficiales de alto mando, para estudiar en la Universidad de Las Américas, en Estados Unidos, para subir su rango castrense.

VON SPRETI

A pesar del silencio, la población de Guatemala, se mantenía en estado de alerta esperando cualquier cosa, porque cada día se miraban nuevos hechos. Era una cadena de asesinatos, desaparecidos, reportes de cuerpos torturados y destrozados que aparecían abandonados días después de haber sido perpetrados.

Esto provocaba incertidumbre en la población, porque cada día la lista de víctimas crecía, tanto de los guerrilleros como del ejército. Cada grupo en conflicto implementó nuevas estrategias para atacar, y no había límite en lo que hacían para agredir o para vengarse del grupo contrario. Era de todos conocido que no había respeto para nadie, mujeres, niños, y cualquiera que se pusiera en su camino, era eliminado sin misericordia. Incluso personas que no estaban involucradas en nada, fueron víctimas de la violencia y de la lucha de poder de ambas partes.

Ese fue el caso del embajador Karl Von Spreti, que era miembro de una familia de la aristocracia alemana y tenía el título nobiliario de Conde. Participó en la Segunda Guerra Mundial y pertenecía al partido Democracia Cristiana de Alemania. Fue Embajador de Alemania en Luxemburgo, Cuba, Jordania, República Dominicana, Haití y finalmente, fue enviado a Guatemala en 1969, durante la época del conflicto armado, cuando estaba en el gobierno Julio César Méndez Montenegro.

El 31 de marzo de 1970, la guerrilla lo secuestró para solicitar al gobierno un canje por 15 guerrilleros que estaban prisioneros. Luego, la guerrilla cambió las condiciones y solicitó el canje de 22 guerrilleros, además de la cantidad de 700 mil dólares como pago de rescate, para dejarlo libre.

Al momento de su secuestro, Von Spreti tenía 63 años de edad, padecía de los nervios y del corazón. Su familia solicitó que le dieran los medicamentos que necesitaba, pero nunca se sabrá si la guerrilla se los proporcionó, porque lo tuvieron secuestrado seis días.

El gobierno no accedió a lo solicitado, y la guerrilla había amenazado al gobierno que si no cumplían con sus demandas, lo asesinaría. Aun así, el gobierno de Guatemala no atendió los intentos del gobierno alemán de iniciar el diálogo y negociar con la guerrilla para salvarlo. El gobierno de Alemania estaba muy molesto con la decisión del presidente de no negociar con la guerrilla y, finalmente el 5 de abril de 1970, los guerrilleros asesinaron al embajador de Alemania con un tiro en la sien. A través de una llamada telefónica alguien informó a los bomberos que el cuerpo del embajador se encontraba en la población de San Pedro Ayampuc, un poblado a 12 kilómetros de la ciudad.

La guerrilla dijo que lo habían ejecutado porque el gobierno no había cumplido con soltar a los guerrilleros que estaban en su poder, ni a pagar el rescate solicitado, y el gobierno por su parte declaró que no podían conceder lo solicitado por la guerrilla, porque los detenidos ya se encontraban en proceso legal, y acceder a la petición de la guerrilla habría constituido una violación a la Constitución. Con esa declaración se cerró la negociación.

Estados Unidos también trató de ayudar para que se cumplieran las demandas de la guerrilla y liberar al embajador Von Spreti, pero el gobierno de Guatemala no accedió a ninguna de las peticiones que le hizo el gobierno Alemán, el de Estados Unidos, y el Cuerpo Diplomático presente en el país. Obviamente después del asesinato, Alemania rompió relaciones diplomáticas con Guatemala.

La guerrilla se adjudicó el asesinato del conde Von Spreti, y dijo que habían ajusticiado al "autor intelectual y material de la política imperialista". Algunos medios de prensa publicaron que el secuestro del embajador Voy Spreti se había debido a que en ese tiempo el gobierno de Alemania había regalado cascos para la policía nacional, y que los guerrilleros también lo acusaban de que Alemania le vendía armamento al ejército para atacar a la guerrilla. Estas versiones no se hicieron públicas en el momento de los hechos, sino algunos meses después de concluir con la investigación.

Portada de Prensa libre de abril 6 de 1970,
informando sobre asesinato del embajador
de Alemania. Hemeroteca de PL.

"El Gobierno alemán envió a un representante del Ministerio
de Relaciones exteriores de ese país, para solicitar al gobierno
de Guatemala que accediera a la petición, en aras de salvar
la vida de su Embajador. El Canciller Alemán, Willy Brandt
trató de comunicarse personalmente con el Presidente Méndez

Montenegro, pero no obtuvo éxito en sus intentos, y el Presidente tampoco le devolvió la comunicación. El Canciller le envió dos notas escritas solicitando su intervención, una de ellas decía *"Desafortunadamente, se acrecienta la impresión de que el ilustre Gobierno de Guatemala no agota todas las posibilidades para conseguir la liberación del embajador".* *"Caso ilustrativo No. 88*

Secuestro y ejecución arbitraria del embajador de Alemania, Karl Von Spreti, Fuente: CEH, *Guatemala memoria del silencio."*

FITO MIJANGOS

En el extremo derecho, en silla de ruedas, Adolfo
Mijangos López. A su derecha el Dr. Rafael
Cuevas del Cid, rector de la Universidad de San
Carlos. Foto: raulfigueroasarti.blogspot.com

Su nombre era Adolfo Mijangos López, y todos lo conocían
como Fito. Personalmente, Margarita nunca lo conoció,
pero su nombre le era familiar porque era amigo de su papá.
Estudiaron juntos en el Instituto Central y, aunque no se

visitaban, se tenían aprecio y su amistad continuó a través de los años.

El papá de Margarita le contó a ella que Fito era alegre, le gustaba la parranda y que además tenía muchos amigos que lo querían porque era un buen ser humano y se preocupaba por las personas trabajadoras de Guatemala.

Estudió derecho y apoyó las políticas del presidente coronel Jacobo Árbenz Guzmán, se opuso abiertamente al plebiscito para la designación como presidente del coronel Castillo Armas, por haber derrocado al presidente Árbenz. Esto provocó que tuviera que salir del país junto con otros dirigentes, para salvar su vida.

Después de unos años regresó al país y, aunque ya venía en una silla de ruedas debido a un accidente en Francia, que lo dejó lesionado de la columna, Fito continuó luchando y se unió a las protestas durante las Jornadas Patrióticas de Marzo y Abril.

Fito, unido a Francisco Villagrán Kramer y el Lic. Manuel Colom Argueta, fundaron el partido URD (Unidad Revolucionaria Democrática). Durante ese tiempo también se produjo un levantamiento dentro de las filas del Ejército de Guatemala, que dio como resultado el inicio del Movimiento 13 de Noviembre, que fue el inicio de la guerrilla en Guatemala.

Cuando el coronel Enrique Peralta Azurdia le dio golpe de estado al coronel Ydígoras Fuentes, Fito Mijangos tuvo que salir nuevamente del país, y regresó cuando el Lic. Julio César Méndez Montenegro llegó a la presidencia nombrado por el Partido Revolucionario, pero a pesar de que el Partido

Revolucionario estaba en el poder, la inscripción del partido URD fue rechazada.

Fito logró llegar a ocupar un escaño en el Congreso, apoyado por el partido Democracia Cristiana, y durante su gestión como diputado luchó por los derechos laborales y en contra de la concesión para la extracción de níquel en Izabal. Fue fiel defensor de la conservación de los recursos naturales del país, sin embargo, durante su gobierno, el coronel Carlos Arana Osorio, que había participado activamente en la lucha contra la guerrilla como jefe de la base militar de Zacapa, y a quien la guerrilla apodaba como "El Chacal de Oriente", dio la orden de terminar con la vida de Fito Mijangos.

El 7 de enero de 1971, cuando salía de su bufete, fue asesinado en su silla de ruedas junto a su chofer. Los asesinos le dispararon por la espalda, y luego le dieron el tiro de gracia en la cabeza para asegurarse de que no quedara vivo. Los movimientos sindicales, autoridades universitarias, estudiantes universitarios y de educación media se pronunciaron, demandaron al gobierno la aclaración de la muerte, pero nunca se obtuvieron resultados de las investigaciones, y la muerte de Fito Mijangos quedó en la impunidad.

Composición fotográfica para conmemorar
aniversario de la muerte de Fito Mijangos,
propiedad de La Hora, periódico de Guatemala.

SECRETARIO DE LA AEU

La Secretaría de la Paz de la
Presidencia de la República de Guatemala

Invita a la presentación de la segunda edición del libro
Ciudad de Quetzaltenango
Fecha: 22 de julio de 2011
Lugar: Pensión Bonifaz 16:30 horas

Oliverio Castañeda, Revista "D" anuncia la presentación
del libro" Oliverio". Hemeroteca Nacional de Guatemala

Oliverio Castañeda de León tenía 23 años cuando murió.
Era muy conocido por su militancia en la Asociación de
Estudiantes Universitarios -AEU-, participaba activamente
con los grupos indígenas, sindicatos y grupos de protesta.

Tenía el apoyo del grupo estudiantil FRENTE, formado por grupos de dirigentes de diferentes facultades de esa universidad, y también algunos miembros del grupo Juventud Patriótica del Trabajo, que era la rama juvenil del Partido Guatemalteco del Trabajo -PGT-, considerado con fuertes conexiones socialistas. Fue elegido secretario general de la AEU.

Oliverio estudió en el Colegio Americano de Guatemala y luego en la Facultad de Economía de la Universidad de San Carlos de Guatemala. Fue un gran orador y, a pesar de su juventud y aparente tranquilidad, era un líder con una gran capacidad para expresarse y mover masas. Conocía la situación política del país, apoyó la lucha indígena para la legalización de las tierras que ocupaban las compañías Basic Resources, Shenandoah Oil y Exmibal, que explotaban los yacimientos de petróleo y níquel, para venderlos en el extranjero. También contaba con el apoyo de un grupo de profesionales docentes de la Universidad de San Carlos, muchos de ellos fueron asesinados y otros salieron del país para conservar su vida.

En el año 1978, antes de la celebración del 20 de octubre, la situación política estaba muy convulsionada, porque los estudiantes y grupos sindicales convocaron al pueblo a que se uniera a una protesta por el alza al precio del transporte público, que el gobierno había autorizado y que afectaba la economía de la mayoría de guatemaltecos que hacían uso diario del transporte.

Esto afectaba considerablemente la economía nacional, especialmente a las personas de escasos recursos porque muchos tenían familias numerosas que dependían del transporte público para movilizarse, además de la incidencia en el alza del costo de vida, porque todos los insumos dependían del transporte. Eso ayudó a que la protesta fuera masiva y el gobierno se viera obligado a desestimar el incremento a la tarifa que había programado.

Al mismo tiempo se organizaron otras protestas de los grupos políticos por las acciones del ejército, las cuales habían dejado muchas víctimas de los asesinatos ejecutados por el ESA (Ejército Secreto Anticomunista). Ese grupo paramilitar había dado a conocer una lista de personas condenadas a muerte por sus tendencias socialistas, entre los nombrados en el listado estaban el rector de la Universidad de San Carlos y Oliverio Castañeda.

Cada año, en Guatemala, las personas que vivieron la Revolución de 1944, rememoran el día del triunfo, organizan marchas y discursos como homenaje a los héroes de la lucha, y aprovechan para proclamar su inconformidad por la corrupción y abusos de poder del gobierno, además de los asesinatos de dirigentes que el gobierno continúa sin esclarecer, y que los socialistas afirman que era el gobierno quien los mandaba a matar.

En vista de que el presidente, general Romeo Lucas García, había declarado a los medios de comunicación que la Universidad de San Carlos era un foco de subversión, y debido a las amenazas de muerte en contra de los altos dirigentes de la AEU, la junta directiva de la asociación de estudiantes, decidió que los dirigentes amenazados no participaran en la marcha, para protegerlos de cualquier agresión.

A pesar de esa decisión, los dirigentes amenazados dispusieron participar en la manifestación y, al final del discurso, Oliverio Castañeda fue atacado a tiros sobre la 6 avenida, en el centro de la ciudad. Oliverio, se percató del peligro y corrió a buscar refugio, pero les habían cerrado el paso entre la 8a y 9ª calle, por lo que se dirigió hacia el Pasaje Rubio para refugiarse. Desafortunadamente él ya estaba herido y cayó al suelo. Un hombre se bajó de un carro y le dio el tiro de gracia en la sien, para asegurarse de su muerte.

Margarita estaba atemorizada por la violencia y la frialdad con la que mataban a plena luz del día, y como al matar a Oliverio también hirieron a cinco personas, entre ellas, dos niños, eso alimentaba más la ansiedad que generaba la violencia imperante en el país.

La Asociación de Estudiantes Universitarios, la Universidad de San Carlos y los movimientos sindicales mostraron su rechazo al asesinato, pero lo peor fue que perdieron a su líder, que era muy valioso para el movimiento.

MANUEL COLOM ARGUETA

Manuel Colom Argueta durante su
gestión como alcalde. Fuente Revista "D",
Hemeroteca Nacional de Guatemala.

Margarita conoció a Manuel Colom Argueta solamente
de lejos, cuando trabajó en un proyecto externo en la
municipalidad. Lo veía entrar a la municipalidad de forma
natural, saludaba a todo mundo y era cordial; parecía una
persona accesible, sin ninguna ostentación de seguridad.
Margarita creyó que no tenía seguridad, pero sí tenía porque
era una persona que tenía muchos enemigos debido a su
liderazgo, pero así también tenía muchas personas que lo
querían, cuidaban y admiraban.

Su gestión como alcalde había sido notable. Durante su

gestión, el desarrollo urbano de la ciudad evolucionó considerablemente, mejoró las calles, desarrolló accesos viales como el viaducto de la 24 calle, que aliviaron los problemas de tránsito y facilitaron la movilización en áreas donde transitar era un verdadero caos. Una de sus mejores obras fue el anillo periférico, unido por el Puente del Incienso, que logró agilizar el desplazamiento de un extremo a otro de la ciudad. Otro de sus aportes fue el Mercado de Flores de la avenida El Cementerio, que además de facilitar la compra de flores para los visitantes del cementerio, fue una fuente de trabajo para muchas personas.

Fotografía de la construcción del Puente del
Incienso, que une la ciudad con el Anillo
Periférico. Hemeroteca Prensa Libre

Manuel Colom Argueta fue visionario al prever muchas de las necesidades de la ciudad, y logró la construcción de los colectores de agua en puntos estratégicos, que ayudaron a liberar los drenajes de la ciudad, lo que también fue un aporte muy valioso.

Abrió espacios recreativos con parques y canchas deportivas, inauguró bibliotecas en zonas marginales para promover la lectura en los niños y adultos de esas zonas. Se preocupó por mejorar las condiciones de vida, introdujo agua potable en lugares donde no había servicio y trató de que los ciudadanos tuvieran acceso a los servicios municipales.

Fue un político reconocido como de izquierda democrática, que salió varias veces del país para salvar su vida. Muchos lo consideraban comunista, y estuvo en comunicación con el grupo de militares disidentes que se levantaron el 13 de noviembre. Estos militares invitaron muchas veces a Manuel Colom Argueta y Fito Mijangos para integrarse a la guerrilla, pero ambos no aceptaron formar parte de ese movimiento porque dijeron que preferían llegar al pueblo a través del diálogo y la concientización pacífica.

Manuel Colom Argueta sabía que la alcaldía era un paso más para llegar al lugar que le permitiría hacer cambios en el país, y ese lugar era la presidencia; pero al mismo tiempo sabía que era un camino arduo y peligroso, porque el gobierno estaba acaparado por militares que no solo no dejarían que alguien con tendencias izquierdistas, aunque fueran democráticas, alcanzara la presidencia, sino que no estaban dispuestos a dejar el poder.

Para que Manuel Colom Argueta llegara por la vía democrática al poder, tenía que llegar por votación general, y era necesario que un partido político lo propusiera. Esto significaba que él tendría que repartir cuotas de poder como todos habían acostumbrado a hacerlo en el pasado, y Colom Argueta no estaba dispuesto a hacer eso, porque sabía que no lo dejarían gobernar para el pueblo, sino para los políticos.

Decidió, con sus compañeros de lucha, del comité cívico que lo propuso como alcalde, que tendrían que formar su propio partido, y trabajaron para ello. Finalmente lograron inscribir el partido, a sabiendas de que eso significaba un peligro para su vida, por sus vínculos con la izquierda. Posteriormente su partido fue inscrito el 15 de marzo de 1979, y ese era un aviso de que en las próximas elecciones Manuel Colom Argueta sería el candidato a presidente.

El presidente en funciones, durante ese período, Coronel Lucas García, le había ofrecido que lo iba a autorizar, y que no peligraba su integridad física. Pero el 22 de marzo de 1979, Manuel Colom Argueta fue perseguido por varias calles de la ciudad y, finalmente, fue asesinado.

Miles de personas acudieron a su sepelio, llorando y gritando consignas contra el gobierno, grupos de estudiantes, dirigentes sindicales, miembros de su partido, profesionales del derecho y autoridades universitarias demandaron el esclarecimiento del asesinato de Manuel Colom Argueta, sin embargo, ese fue uno más de los asesinatos perpetrados durante el oscuro, violento y trágico gobierno del general Romeo Lucas García y el final del liderazgo de Manuel Colom Argueta, que realmente se había preocupado por mejorar la ciudad.

Portada de Prensa Libre informando del
incendio de la embajada de España después
de la ocupación. Hemeroteca PL.

El incendio de la Embajada de España se transmitió en directo en uno de los telenoticieros importantes del país, poco después de las 11:00 de la mañana, hora en que empezó la toma de la sede diplomática. Esa experiencia todavía la recuerda Margarita, porque las cámaras transmitieron la conmoción que había afuera de la embajada, donde estaban cientos de curiosos queriendo ingresar, mientras agentes de la policía nacional estaban al resguardo de las puertas de entrada, para no permitir el ingreso de personas ajenas a los hechos.

Los periodistas de los diferentes medios tomaban fotos y trataban de obtener más información para sus reportes. En un momento, las cámaras enfocaron a un policía que logró subir a un balcón en el segundo nivel y filmaron cómo se movía a lo largo de la ventana, tratando de ver hacia adentro. Lo enfocaron rompiendo un vidrio, como tratando de abrir la puerta desde afuera, pero su mano no alcanzaba a abrirla. No se vio si llevaba algo en la mano, pero un momento después empezó el incendio.

Las noticias decían que los guerrilleros habían tomado la embajada y que estaban encapuchados, también afirmaban que entre los rehenes que estaban dentro de la sede, estaba el embajador, los empleados e importantes funcionarios guatemaltecos.

Las cámaras enfocaron el humo que salía de la ventana de la embajada, los curiosos aumentaban y se congregaron afuera para observar cómo el fuego crecía, y le gritaban: ¡"hagan algo, se están quemando vivos"!, pero ellos no escuchaban a nadie, solamente observaban y custodiaban la entrada.

El embajador Máximo Cajal y López, logró salir por una

puerta que lo llevó a la azotea, donde pudo saltar y así salvar su vida, salió con su camisa humeante, quemaduras en el pelo y partes de su cuerpo, apagando el fuego de la camisa con las manos. Se le veía asustado, y en ese momento, sin dudarlo, dio declaraciones a la prensa.

Finalmente llegaron los bomberos con su equipo contra incendios, descargaron una manguera e iniciaron la operación de extinguir el incendio, pero ya era demasiado tarde. El incendio se había propagado, y solamente hubo un sobreviviente que encontraron dentro de la habitación debajo de otros cuerpos calcinados, que lo protegieron del fuego.

Al final del día, la tasa de muertes ascendió a 37 personas, solamente hubo tres sobrevivientes: el embajador Cajal, Gregorio Xuyá, quienes luego fueron llevados al hospital Herrera Llerandi, para su curación, y el jurista Mario Aguirre Godoy, que logró salirse de la custodia de los campesinos cuando subieron al segundo nivel y se encerraran con el resto de los rehenes.

Además de los funcionarios de la embajada de España, se encontraban también los connotados guatemaltecos Eduardo Cáceres Lenhoff , ex-vicepresidente de Guatemala, y Adolfo Molina Orantes, ex canciller, ex presidente del Instituto Guatemalteco de Cultura Hispánica y decano de la Facultad de Ciencias Jurídicas y Sociales de la Universidad de San Carlos de Guatemala.

De acuerdo a la información divulgada, un grupo de indígenas, entre los que se incluían miembros del Comité de Unidad Campesina (CUC), obreros, cristianos, estudiantes de secundaria y miembros del Frente Estudiantil Robin García, se movilizaron desde el triángulo Ixil para presentar una denuncia por las condiciones en el Quiché, además de los abusos del ejército contra la población civil, porque los apresaban argumentando que eran parte de grupos guerrilleros.

Unos días antes de la toma de la Embajada, el embajador Máximo Cajal viajó al área del triángulo Ixil para reunirse con los misioneros religiosos españoles que prestaban servicios a la población del área, para verificar su seguridad, porque habían recibido amenazas de muerte con acusaciones de colaborar con la guerrilla. Por esta razón, decidió ir a visitarlos y enterarse del problema directamente.

Otras fuentes consideran que el embajador viajó para coordinar con los indígenas la toma de la embajada, aprovechando la presencia de los ex funcionarios que tendrían una reunión en la sede diplomática y que su presencia sirviera de influencia internacional para que fueran escuchadas sus peticiones.

Cáceres Lenhoff y Molina Orantes estaban de visita en la embajada para planear el aniversario del Centro de Cultura Hispánica, que estaba en la víspera de su celebración, y querían hacer del evento una celebración memorable.

Gregorio Xuyá, el sobreviviente del incendio, fue llevado al hospital junto con el embajador Cajal, y días después fue secuestrado del hospital y luego asesinado. Su cuerpo fue tirado frente a la Rectoría, en el campus de la Universidad de San Carlos.

LOS FIGUEROA

Estado pide disculpa por asesinato de esposos Figueroa
Ibarra, revista actualidad de periódico La Hora.

Don Carlos y doña Edna eran psicólogos de la Facultad de Humanidades y catedráticos en un instituto de señoritas, eran amigos de la mamá de Margarita y visitaban la casa socialmente. Sus hijos y su única hija les acompañaban algunas veces cuando las visitaban, lo que influyó a desarrollar una amistad más cercana. Eran personas conocidas y muy estimadas en los círculos humanísticos, porque muchas generaciones pasaron por sus manos, y de ellos siempre recibieron buenos consejos, ejemplos y buena formación.

Durante la etapa de la adolescencia, la amistad se estrechó, pero con el tiempo y las obligaciones cada quien se afanó en las responsabilidades del trabajo y las visitas se hicieron menos frecuentes, aunque cada vez que se veían se reiteraban el mismo cariño y la amistad se disfrutaba como si se hubieran visto el día anterior.

El 6 de junio de 1980, estaba Margarita en su casa y encendió la televisión para ver noticias de mediodía, y como noticia de última hora estaban transmitiendo el asesinato de don Carlos y doña Edna. Ella se sintió consternada por las tomas de los cuerpos ametrallados dentro del carro, así como por ver a la hija de ellos correr, de un lado a otro del carro, llorando y queriendo abrazarlos al mismo tiempo, pero como no era posible, corría y abrazaba a uno y luego al otro. Fue una escena desgarradora, donde tanto su mamá como ella derramaban lágrimas de tristeza por la forma en que murieron los queridos amigos, además de la decepción y enojo al ver hasta dónde había llegado la violencia de esa guerra que cada día sembraba dolor y resentimiento en familias honorables de Guatemala.

Aunque ellos pensaran en la justicia social, nunca hablaron con ella sobre el tema, nunca escuchó a ninguno de los

Figueroa hablar de política, ni criticar al gobierno en público. Ambos eran personas bondadosas, amables, respetuosas y conscientes de la importancia del estudio y el trabajo honrado, como forma de progresar en la vida.

Margarita y su mamá fueron al funeral donde había mucha gente, porque eran muy conocidos. Ofrecieron las condolencias a los hijos y Margarita se acomodó en un sofá recordando a los queridos amigos, escuchó las conversaciones de los asistentes sobre el pesar que les embargaba. Escuchó la conversación de un amigo que estaba ayudando con un préstamo para el enganche de un espacio en un cementerio, para el sepelio del día siguiente. Casualmente, Margarita y su mamá tenían una propiedad disponible en ese lugar, por lo que ella le habló a su mamá, quien les ofreció el espacio para el sepelio y le pidió disculpas al vendedor por deshacer el negocio, pero le explicó que la situación era incierta y no había que incurrir en gastos, cuando ellos tenían un lugar seguro en su propiedad. Allí quedaron ellos por varios años, hasta que fue posible que los hijos, que estaban fuera del país, pudieran regresar a Guatemala y les hicieron las honras fúnebres en presencia de todos sus hijos, algo que no había sido posible realizar en aquella época.

El hijo mayor había salido del país unos meses antes de la muerte de sus padres para resguardar su vida, y se enteró de la devastadora noticia sin poder regresar a Guatemala para asistir al funeral. Después del asesinato, el resto de la familia permaneció en Guatemala, pero debido a las constantes amenazas de muerte, una noche buscaron refugio en una embajada y lograron salir del país.

Margarita y su mamá recuerdan los momentos de angustia de todas las personas que los querían y se preocupaban por la seguridad de los hijos de don Carlos y doña Edna, y fue un alivio enterarse de que habían salido del país con protección diplomática.

Muchos años después regresaron al país, pero solamente de visita, porque hicieron su vida en el extranjero, donde se les recibió con los brazos abiertos, les dieron la oportunidad de aportar al país sus conocimientos y aptitudes, al igual que sucedió con muchas otras personas que decidieron irse y no regresar a vivir a Guatemala, por el poco respeto que había hacia la vida de los seres humanos.

RITA

Margarita conoció a Rita cuando eran niñas porque las mamás eran amigas y además trabajaban en la misma escuela. En algunas ocasiones les tocó jugar y compartir buenos momentos, mientras las mamás trabajaban en actividades especiales de la escuela.

Rita era rubia, de ojos grandes y vivarachos, voz grave, muy expresiva al hablar y con una sonrisa franca y espontánea. La peinaban con trenzas, al igual que a Margarita. A veces iba con el uniforme del colegio y llevaba una pequeña corbata roja y zapatos azul y blanco; era muy respetuosa y siempre amable.

Con el pasar de los años les tocó vivir en el mismo sector, y las veces que se encontraron en el bus aprovecharon para platicar sobre sus estudios, su familia y las cosas que estaban haciendo. Otras veces se encontraron en reuniones del vecindario, donde conversaron sobre sus actividades sociales. Además de esos encuentros fortuitos, el destino las volvió a juntar en la Facultad de Humanidades, donde estudiaban diferentes carreras, pero las veces que se encontraron al finalizar la jornada, Rita siempre amable y demostrando la alegría del encuentro, le ofrecía a Margarita llevarla a su casa, ya que llevaban el mismo rumbo.

Una bonita amistad de niñez que Margarita recuerda con cariño y también con pena, pues cuando la situación política estaba convulsionada y la violencia tomó como blanco a catedráticos y alumnos de la Universidad de San Carlos, Rita fue una víctima más de la violencia que asolaba al país. Ella manejaba su carro rumbo al norte de la ciudad y, al llegar al semáforo de la 7a avenida, se acercaron a ella y la acribillaron con ametralladora para acabar con su vida.

La noticia corrió con la rapidez con que corren las malas noticias, pues inmediatamente se divulgó por el vecindario. Unas vecinas fueron a avisar a cada casa, porque tanto Rita como su familia eran altamente apreciadas y siempre participaban en las pocas actividades sociales que se tenían en la colonia.

Mucha gente lamentó el hecho, pero Margarita estaba conmocionada por la muerte tan violenta y por la forma tan abierta en que habían perpetrado el asesinato de su querida amiga. Fue un sábado en la mañana, en un área financiera de la ciudad que normalmente en fin de semana está concurrida con transeúntes y tráfico convergente de varias zonas. Ella sintió una vez más la inseguridad del país, la violencia llegaba al colmo de que las muertes violentas se volvían tan naturales, y que las personas solamente comentaban: "otra persona más"; pero dentro de cada uno de los de en medio de la guerra, el estoicismo se apoderaba más de sus vidas, y continuaban con el diario vivir porque no había alternativa.

Las amigas nunca hablaron de política, su amistad estaba tan fraguada en actividades generales, que nunca llegaron a conversar sobre situaciones personales. Rita siempre dulce, afable, sonriente y sencilla.

Trabajaba en la extensión universitaria de la Universidad de San Carlos, y debido a repetidas y serias amenazas de muerte, había renunciado, sin embargo, la renuncia no fue suficiente porque la intención era eliminarla.

Al investigar sobre su muerte, Margarita encontró el trabajo de tesis que Rita realizó para obtener la licenciatura en Lengua y Literatura, y fue un análisis literario de la poesía de Otto René Castillo, asesinado muchos años antes por su militancia en la guerrilla. Margarita leyó el trabajo y pudo ver que Rita había hecho un estudio literario muy profesional y completo, que explicaba la inspiración del autor y su amor por Guatemala.

Rita fue una más del amplio claustro de catedráticos de la Universidad de San Carlos de Guatemala que fue asesinada durante los años de la guerra interna.

IRMA FLAQUER

Irma Flaquer fue una periodista muy conocida y atrevida, que escribía críticas fuertes al gobierno. Los familiares de Margarita comentaban en sus expresivas y bulliciosas pláticas que era muy bonita, y además que tenía más valor que muchos hombres.

Margarita escuchó su nombre muchas veces, y sabía que era una periodista que escribía sobre la situación del país, los indígenas y la forma en que el gobierno operaba. Irma Flaquer era joven y tenía dos hijos, estudió Derecho, pero luego decidió continuar estudios de Psicología y, finalmente, se dedicó al periodismo, rama en la que tuvo éxito trabajando para el Diario La Nación y después por su columna "Lo que otros Callan", en el periódico "La Hora".

Dentro de su trayectoria periodística se cuenta también su trabajo en el cargo de Relaciones Públicas de la Secretaría de la Presidencia, trabajando con la Sra. Sara de la Hoz de Méndez Montenegro, esposa del entonces presidente en funciones Méndez Montenegro.

Como en su columna denunciaba corrupción y abusos de poder, consideraron que era un peligro dejar que continuara escribiendo, y la amenazaron para callarla. Ella hizo caso omiso de las amenazas y continuó escribiendo. El entonces

Ministro de Gobernación, Donaldo Álvarez Ruiz, y el ex esposo de Irma Flaquer eran amigos, y por la amistad que tenían, Donaldo Álvarez le indicó al ex esposo que le diera el mensaje a Irma Flaquer, de que debía salir del país inmediatamente porque su vida peligraba y había orden de asesinarla. Le indicó al ex esposo que esa era la única advertencia, y que saliera ese mismo día, porque la orden de callarla se haría efectiva al día siguiente.

Ella recibió el mensaje y se negó a salir del país, desafortunadamente, el 16 de octubre de 1980, dos días después del aviso de Donaldo Álvarez, luego de cenar en casa de su hijo, salieron hacia la casa de Irma y fueron atacados por varios vehículos que dispararon contra a su hijo, lo hirieron gravemente y a ella se la llevaron secuestrada, con rumbo desconocido.

A pesar de todas las solicitudes de investigación sobre su paradero, por parte de su familia y medios periodísticos, el gobierno de Guatemala nunca dio información sobre quién perpetró el atentado ni dónde estaba la periodista. A la fecha, no se sabe si está viva o fue asesinada, pero su cuerpo nunca fue encontrado

Algunas versiones indican que su hijo pequeño, que vive fuera del país, recibió llamadas en las que le decían que su mamá estaba viva con un proceso de demencia, y que permanecía cautiva en poder del ejército. Nada de eso se comprobó porque la situación política del país era tan peligrosa en esos días que al igual que la familia de Irma Flaquer, muchas otras personas prefirieron que la muerte o desaparición de su familiar quedara en el silencio, antes de exponer al resto de la familia al riesgo de ser apresados o asesinados.

Hace 37 años que Irma Flaquer desapareció y la justicia no ha dado ninguna explicación de lo que pasó, de dónde se encuentra, o quién se la llevó. Una mujer que fue silenciada durante la guerra interna de Guatemala.

Irma Flaquer, periodista desaparecida,
composición fotográfica propiedad de Memorias
de Lucha Revolucionaria en Guatemala.

DOCUMENTOS
DE LA GUERRA

A través de documentos del gobierno y crónicas de relatos de las víctimas, se ha podido recuperar la memoria histórica de una guerra que devastó al país, sin ningún beneficio para los de en medio.

DOSSIER DE LA MUERTE
O DIARIO MILITAR

Diario Militar, portada de Prensa Libre informando
de ejecuciones ilegales. Hemeroteca PL.

El Diario Militar o Dossier de la muerte, son los registros que llevaban los militares sobre la información que tenían de la guerrilla, su organización y sus miembros, que se desclasificaron después de la firma de la paz. Este también contiene información de los miembros de la guerrilla que fueron capturados. Tiene fotos de los guerrilleros apresados y los reportes dados a los militares superiores, donde se establece el nombre real de la persona, el nombre o alias usado en la guerrilla, a cuál organización pertenecía, la fecha y lugar de su captura y el resultado de la misma.

Una vez más, Margarita encontró personas que ella conocía y que no sabía que militaban en la guerrilla. También encontró fotos de personas que fueron capturadas, que el ejército por alguna razón no explicada decidió dejar libres. En algunos casos, escriben que fue liberado para servir de informante, y otros no informan la razón de su liberación, pero también están vivos.

En el Diario Militar hay información y fotografías de 189 personas, y la mayoría de los que se encuentran allí, o fueron asesinados o desaparecieron. Las investigaciones de las asociaciones que luchan por encontrar a los desaparecidos han logrado encontrar, a través de análisis de ADN, a algunos de los que se encuentran en ese archivo.

Dentro de las fotos del Diario, Margarita reconoció a un profesional que fue miembro de la guerrilla y es de los que fue liberado, pero con el tiempo la mística ha variado. Ahora la vida le sonríe y con sus servicios en lugar de servir, más bien, busca ser servido. Ahora el dinero llega a sus manos, y la justicia social ya es parte de la historia.

El Diario Militar demuestra el control que tenía el ejército sobre la guerrilla. Cómo operaba, qué cargo desempeñaba cada uno, cuáles eran sus obligaciones dentro del grupo. Además informa a qué organización guerrillera pertenecían, porque al crecer el movimiento, se dividió en grupos que adoptaron diferentes nombres para definir el área de acción y, hasta cierto punto, operaban de forma independiente, aunque al final, todos estaban agrupados dentro de la URNG. Tenían la dirección de donde vivían y una breve descripción de cuál fue la acción tomada con ellos. Para describir si los dejaron vivos, dicen que lo habían trasladado a otra institución, cuartel o a la central de inteligencia, sin especificar si era a la policía o al ejército. Usaban lenguaje numérico para calificar la muerte, usando el número "300"; sin embargo, algunos usan lenguaje coloquial que dice "se lo llevó Pancho" o "le dieron aguas", y otros indicaban "se fue +".

Este documento es solamente una parte de la información que el ejército tiene de sus operaciones durante el conflicto armado. Existe una gran cantidad de información que fue desclasificada y que ha permitido a los familiares poder saber el destino de algunos de los desaparecidos, pero esa es solamente una parte de un grupo pequeño de los capturados. Hay mucha información que no se conoce y que se cree que puede estar escondida en algún lugar, o que fue destruida para borrar el rastro de los hechos.

A la fecha no se tiene acceso a registros de la guerrilla sobre sus operaciones, que pudieran esclarecer sus actividades y los registros de las personas que murieron en combate, tanto guerrilleros como militares.

55. AMANCIO SAMUEL VILLATORO
(s) GUILLERMO y RENE
Miembro de las FAR. y coordinador de la
CNT., a nivel nacional e internacional,
profesionalizado con un sueldo de Q.1000.
00, también realiza contactos con GARCIA
MARQUEZ en méxico.
30-01-84: Capturado en la 15 Calle y 2da.
Avenida, Zona 1.

Amancio Samuel Villatoro es el número 55
en el Dossier de la Muerte. Sus restos fueron
localizados en una fosa común en Comalapa,
Chimaltenango durante la exhumación conducida
por la Fundación de Antropología Forense de
Guatemala. Foto de un extracto del Dossier de
la Muerte. Archivo de Seguridad Nacional.

Una persona muestra la ficha con los datos
de su hermano que estaban en el diario
militar. Aún no ha aparecido. Foto: Grupo
Nizkor, Del Silencio a la Memoria.

EL REHMI

Mons. Gerardi entrega el REHMI en la Catedral
Metropolitana. Hemeroteca Prensa Libre.

El REHMI es la recopilación de los casos denunciados por
las víctimas o sus familiares que durante el enfrentamiento
armado sufrieron violaciones a los derechos humanos. Es
un trabajo exhaustivo de investigación que se realizó en las
diferentes diócesis del país, donde se recabaron los testimonios
y luego se trasladaron a la Oficina de Derechos Humanos del
Arzobispado de Guatemala (ODHAG) para su organización,
verificación de los hechos, fechas cuando ocurrieron, y

comprobar la veracidad del testimonio manejando técnicas especiales para triangular los hechos.

Presenta 5,180 testimonios en 1,400 páginas, distribuidas en cuatro volúmenes, informa sobre el impacto que la guerra tuvo sobre la familia, la comunidad y las formas de supervivencia; presenta los mecanismos usados contra la población por ambos grupos de insurgencia y contrainsurgencia, el entorno histórico, los nombres de las víctimas de las masacres, los muertos, torturados y desaparecidos, las violaciones a los derechos humanos y las recomendaciones del proyecto REHMI. Hay testimonios tanto de insurgentes, como de algunos miembros del ejército y patrulleros de defensa civil que perpetraron los hechos.

Se cree que muchas de las víctimas no se presentaron a declarar, porque era revivir momentos dolorosos que el ser humano prefiere guardar en lo más profundo de su memoria, y evita sufrir nuevamente al recordar los momentos de angustia y dolor de esa época.

Pasaron varios años después de que se publicó el REHMI, cuando Margarita tuvo la oportunidad de leerlo, aprovechó cada minuto que lo tuvo en sus manos para informarse sobre los casos de cada persona. Fue traumático porque recordó algunas situaciones vividas en el pasado que le eran familiares. Leerlo fue como regresar a aquella época por un momento, y se sintió aliviada de que las historias solamente fueran recuerdos de la triste historia de Guatemala.

La información del REHMI le pareció muy fuerte, algunas historias son de personas que relatan su sufrimiento cuando apresaron a sus familiares, cómo los torturaron y cómo aparecieron muertos. Otras contaron cómo se los llevaron, que nunca aparecieron ni volvieron a saber de ellos, pero que por muchos años albergaron la esperanza de que su familiar aparecería por la puerta para contar que logró escapar y que seguía vivo, pero finalmente aceptaron que nunca más lo volverían a ver.

En el REHMI se encuentran relatos sobre la persecución de que fueron objeto porque alguien de su familia se involucró en la guerrilla y, al darse cuenta de que las cosas no eran como se las habían pintado, se arrepintió y se quiso retirar. Relata cómo los guerrilleros volcaron su odio y resentimiento contra ellos, contra la familia, y el pánico que representó saber que los podían matar como venganza.

Cada relato en el REHMI le hizo reafirmar su idea de estar en desacuerdo con la lucha armada que hundió a Guatemala en tanto dolor y muerte, y le pareció claro el daño que causó a tanta gente que, como ella, fue espectadora y víctima de ese enfrentamiento entre los grupos de poder que mantuvieron la creencia de que ofrendaban su vida por la patria y que, motivados por sus ideales, pensaron que algún día iban a conseguir un mejor país.

El informe REHMI es un documento histórico de mucho valor, que se logró con la lucha de varias organizaciones de derechos humanos, pero también con el apoyo de la iglesia católica que colaboró y luchó porque se dijera la verdad de parte de las víctimas del conflicto armado. La memoria tiene como lema: "Guatemala Nunca Más", porque se espera que Guatemala no vuelva a tener una guerra como la que tuvo, donde hubo tanto daño y tanta tristeza provocados por las muertes y los abusos que sufrió la población por las partes en conflicto,

En su contenido, presenta la realidad que sufrió el país durante todos esos años de guerra y algunos asocian el asesinato de Monseñor Gerardi como el precio que se pagó por sacar todas esas historias a la luz, aunque otras fuentes indican que hay otras razones en su muerte, que no están relacionadas con la guerra, sino que involucran a personas poderosas que han encubierto los hechos para que no salga la verdad a luz.

EPÍLOGO

Se dice que todos los que murieron no lograron su cometido. El país sigue hundido en la miseria, en la corrupción y, cada día, las clases medias se vuelven más pobres. Los pobres siguen esperando a que la caridad los ayude a sobrevivir, los ricos ya tienen el dinero suficiente para seguir trabajando, y ha surgido una nueva clase, los ricos corruptos que se enriquecieron desmesuradamente saqueando al país y que por seguridad se fueron de Guatemala, algunos a Panamá y otros a Miami, donde les abrieron las puertas sin investigar la procedencia del dinero.

El enfrentamiento armado no quitó la pobreza en Guatemala, no dio a los indígenas tierras en propiedad, es más, ayudó a crear miedo y angustia, sembró dolor en muchos hogares y desplazó a muchos de sus tierras, que huyendo de la violencia, dejaron su vivienda y tuvieron que empezar desde cero su vida en otros países.

Esa lucha armada que iba a reivindicar a las clases pobres, nunca llegó, todavía sigue siendo el caballito de batalla de los politiqueros que luchan por el poder, que convencen a las personas para que den su voto a través de la demagogia, de ofrecimientos de dinero y regalos que les quitarán el hambre unos días, pero que al mismo tiempo los siguen manteniendo en la pobreza, porque cada centavo que reciben de caridad solamente los hace más dependientes y los acomoda a vivir esperando que la compasión les resuelva sus problemas y no les permite luchar para salir adelante por sí mismos.

En la batalla de la vida de Margarita se han requerido grandes esfuerzos para superar las secuelas de la hostilidad del ambiente. Procesos de terapia, perdón y resilencia, desarrollaron la fuerza para avanzar en su crecimiento social y emocional, y es así como ha podido seguir adelante una sobreviviente, una de los de en medio de la guerra que salió del trauma y dolor que marcaron su niñez y adolescencia.

ENLACES POR HISTORIA

MARGARITA

http://www.prensalibre.com/internacional/archivos-sobre-john-j-kennedy-las-alusiones-sobre-guatemala

https://www.youtube.com/watch?v=wzoZKHAmSFs

COMUNISTAS

http://www.prensalibre.com/hemeroteca/che-guevara-en-guatemala

http://www.prensalibre.com/hemeroteca/coronel-arbenz-sale-al-exilio-en-1954

http://www.prensacomunitaria.org/1954-a-63-anos-de-la-intervencion-gringa-derrocamiento-y-exilio

http://edant.clarin.com/suplementos/zona/1999/01/17/i-00401e.htm

https://books.google.co.uk/books?id=aV7C3H2vEbkC&pg=PA1944&lpg=PA1944&dq=embajada+argentina+guatemala+refugiados+politicos&source=bl&ots=fWu6ZtdoDe

&sig=G6jwUPRiRdd648OuFFpZqx8gCgQ&hl=en&sa=X
&ved=0ahUKEwjJ8PLO8sXVAhWsJsAKHQiRBYQ4Ch
DoAQhBMAM#v=onepage&q=embajada%20argentina%20
guatemala%20refugiados%20politicos&f=false

http://www.prensalibre.com/hemeroteca/foster-dulles-se-re
fiere-a-la-caida-de-arbenz

http://www.prensalibre.com/hemeroteca/jacobo-arbenz-guz
man-asume-la-presidencia

http://www.prensalibre.com/hemeroteca/jacobo-arbenz-en
frenta-a-la-united-fruit-company-en-1951

http://www.prensalibre.com/hemeroteca/jacobo-arbenz-de
ja-el-poder-en-1954

http://www.prensalibre.com/hemeroteca/1954-arbenz-dimite

http://noticias.perfil.com/2016/10/31/guevara-en-guatemala-
el-pais-escuela-donde-se-convirtio-en-el-che/

VIDA EN ARGENTINA Y RETORNO A GUATEMALA

]http://www.academia.edu/7793339/El_exilio_guatemalte
co_en_Argentina

http://revistas.ucr.ac.cr/index.php/dialogos/article/view
/17860/19939

LA JUDICIAL

http://www.prensalibre.com/hemeroteca/descubrimiento-del-archivo-historico-de-la-policia-nacional-en-2005

https://www.youtube.com/watch?v=qofbVQ0VeyM

https://www.youtube.com/watch?v=_ZMgIiOvnHY

https://www.youtube.com/watch?v=QvhKAMP9BZk

https://www.youtube.com/watch?v=rNMIpK6q6wg

https://www.youtube.com/watch?v=1xYWeDCNFLQ

https://www.youtube.com/watch?v=Xo1j8eF5mC8

https://www.youtube.com/watch?v=mn8t8ZBPeG8

LAS TORTURAS

https://history.state.gov/historicaldocuments/frus1964-68v31/d102

https://elpais.com/diario/2000/04/02/internacional/954626409_850215.html

http://www.prensalibre.com/hemeroteca/el-injusto-final-de-un-poeta-extraordinario

http://www.prensalibre.com/hemeroteca/rogelia-cruz-la-reina-insurgente

http://noticiascomunicarte.blogspot.com/2013/03/a-46-anos-de-su-cobarde-asesinato-otto.html

http://www.derechoshumanos.net/genocidioguatemala/libro-cap2-violaciones-derechos-humanos.htm#2-2-a-Fuego-como-instrumento-de-Tortura

https://www.youtube.com/watch?v=5rTRwOl4bgM

https://www.youtube.com/watch?v=wH-aoh9wyCA

https://www.youtube.com/watch?v=csxADY6gnno&t=202s

REDUCTO GUERRILLERO ZONA 15

http://www.prensalibre.com/hemeroteca/destruyen-supuesto-cuartel-guerrillero

http://raulfigueroasarti.blogspot.com/2012/09/detencion-y-desaparicion-forzada-de.html

REDUCTO GUERRILLERO ZONA 2

http://www.prensalibre.com/hemeroteca/desarman-reducto-guerrillero-en-zona-2

http://elpais.com/diario/1981/07/12/internacional/363736810_850215.html

LA PISCINA

http://www.albedrio.org/htm/otrosdocs/comunicados/ama-001.html

http://archivo.delefoco.com/Default.aspx?action=video-view&id=155

http://www.historiadeguatemala.info/hoyhistoriagt/12-de-abril-de-1962-estudiantes-universitarios-mueren-asesinados-frente-a-la-facultad-de-derecho/

https://www.youtube.com/watch?v=6hr-vdUxQ_g&t=52s

http://www.phottic.com/es/photo/QgkbXZ9b?j=eyJ0eXBlI joidXNlciIsImlkIjoxMTAyfQ%3D%3D

https://www.youtube.com/watch?v=5v5nTORgtUc

TRAPOS CON VINAGRE

http://www.prensalibre.com/opinion/memoria-de-unas-elecciones

LOS VEINTIOCHO

http://raulfigueroasarti.blogspot.com/2012/03/los-28-desaparecidos-de-1966.html

https://www.plazapublica.com.gt/content/el-caso-de-los-28-desaparecidos

http://lahora.gt/los-desaparecidos/

http://www.archivohistoricopn.org/media/informes/cita/
Capitulo-II/Cita-19.pdf

http://hiaw.org/defcon2/lam/powguat1966.html

http://www.phottic.com/es/photo/laPoPYgW?j=eyJ0eXBlIjoi
YWxidW0iLCJpZCI6MjM4fQ%3D%3D

LAS BOMBAS

http://www.opinionpi.com/detalle_articulo.php?id=20

http://www.blogcyh.com/2013/05/las-victimas-del-terroris
mo-en-guatemala.html

CINE ABRIL

http://www.prensalibre.com/hemeroteca/granada-estalla-en-
cine-abril

BOMBA EN EL PARQUE CENTRAL

http://www.prensalibre.com/hemeroteca/terrorismo-bomba
zo-en-el-parque-central

http://luisfi61.com/2011/11/29/bombazo_palacio_nacional/

http://www.prensalibre.com/hemeroteca/terror-en-el-parque-
central-en-1985

SECRETARIO DE LA AEU

http://raulfigueroasarti.blogspot.com/2012/10/la-ejecucion-de-oliverio-castaneda-de.html

http://www.analistasindependientes.org/2016/10/lo-no-dicho-en-la-muerte-de-oliverihttp://www.prensalibre.com/hemeroteca/terror-en-el-parque-central-en-1985o.html

https://www.youtube.com/watch?v=kc58Dwc2s_4 (Spanish)

https://en.wikipedia.org/wiki/Oliverio_Casta%C3%B1eda (English)

http://www.prensalibre.com/guatemala/justicia/ella-vio-cuando-mataron-a-oliverio-castaeda-de-leon

https://www.youtube.com/watch?v=sWIuDfLabKs

EMBAJADA DE ESPAÑA

http://www.prensalibre.com/hemeroteca/arde-la-embajada-de-espaa-en-1980

https://www.youtube.com/watch?v=EPGxFfuvqCg

https://www.youtube.com/watch?v=Tq9ownBiwSg

https://www.youtube.com/watch?v=F0e20z6vvjs

https://www.youtube.com/watch?v=_MPD2_VP5gA

http://www.ghrc-usa.org/our-work/important-cases/the-burning-of-the-spanish-embassy-case/

http://nisgua.org/the-answer-to-who-knows-who-started-the-fire-at-the-spanish-embassy/

http://www.analistasindependientes.org/2015/03/quema-de-embajada-de-espana-en.html

LOS FIGUEROA

http://hijosguate.blogspot.com/2011/06/en-memoria-de-mis-padres-por-carlos.html

https://www.youtube.com/watch?v=lacWNM0u8YQ

https://issuu.com/lahoragt/docs/lahora28102011/6

https://cmiguate.org/adios-elias-barahona/

http://www.lahora.com.gt/index.php/nacional/guatemala/reportajes-y-entrevistas/146606-qestos-crimenes-deben-pasar-por-el-tamiz-de-la-memoria-la-verdad-y-la-justiciaq

https://guateprensa.wordpress.com/2011/10/28/historia-su-hijo-acepta-disculpas-por-suceso-en-1980-estado-pide-perdon-por-asesinato-de-los-esposos-figueroa-ibarra-viernes-28-de-octubre-de-2011/

GORDON MEIN

http://adst.org/2013/08/the-assassination-of-ambassador-john-gordon-mein-guatemala-1968/#.WfT7MmhSzIU

https://www.americaeconomia.com/analisis-opinion/john-gordon-mein-en-mis-recuerdos

http://sylviagereda.com.gt/monsanto-gordon-mein-y-el-poder-en-la-une/

https://transdoc.com/articulos/artculos-en-ingls/Justice-in-Guatemala-44-years-later/26905

https://www.cia.gov/library/readingroom/docs/DOC_0000653022.pdf

https://www.youtube.com/watch?v=N4PYmf64_uk

VON SPRETI

http://www.prensalibre.com/hemeroteca/aparece-muerto-embajador-aleman-von-spreti

https://www.pressreader.com/guatemala/prensa-libre/20120102/283330404175278

http://hemeroteca.abc.es/nav/Navigate.exe/hemeroteca/madrid/abc/1970/04/07/019.html

https://www.youtube.com/watch?v=cuVqLPGkHq8

FITO MIJANGOS

http://raulfigueroasarti.blogspot.com/2012/01/adolfo-mijangos-lopez-asesinado-el-13.html

https://elperiodico.com.gt/domingo/2017/01/22/la-otra-silla-de-ruedas/

http://hablaguate.com/articles/12483-doctor-adolfo-mijangos-lopez-a-los-42-anos-de-su-asesinato

http://www.albedrio.org/htm/noticias/lh140111.htm

https://www.youtube.com/watch?v=2wuFluuLo-Y

https://elperiodico.com.gt/domingo/2018/01/14/adolfo-fito-mijangos-1929-1971/

http://asocfitomijangos.blogspot.com/2011/05/biografia-del-dr-adolfo-mijangos-lopez.html

MANUEL COLOM ARGUETA

http://www.prensalibre.com/hemeroteca/manuel-colom-argueta-hombre-de-esperanza

http://www.prensalibre.com/hemeroteca/colom-argueta-pervive-a-37-aos-de-su-muerte

https://www.youtube.com/watch?v=DcqMNb6Zdjs

https://www.narrativayensayoguatemaltecos.com/ensayos/ensayos-sociales/manuel-colom-argueta-la-oveja-mas-negra-de-todas-julio-c-palencia/

http://www.albedrio.org/htm/documentos/lahora-001.pdf

https://www.plazapublica.com.gt/content/los-33-anos-del-asesinato-de-colom-argueta

https://www.youtube.com/watch?v=FkQUTpK38UI

https://www.youtube.com/watch?v=BL24-5Im6bM

IRMA FLAQUER

http://www.prensalibre.com/hemeroteca/secuestran-a-peri
odista-irma-flaquer-y-balean-a-su-hijo

**https://sites.google.com/site/mujeresperiodistasdestacadas/
irma-flaquer**

**http://raulfigueroasarti.blogspot.com/2012/10/desapari
cion-forzada-de-irma-flaquer-y.html**

**http://barcelona.indymedia.org/newswire/display/145704/
index.php**

https://www.youtube.com/watch?v=lNscDJS45n4

https://www.infoamerica.org/libex/muertes/atentados_g
t.htm

ESTUDIO ABIERTO

http://pudl.princeton.edu/sheetreader.php?obj=2801ph118

https://embamex.sre.gob.mx/.../index.php?...mario-solorza
no-fopp.

https://cerigua.org/article/desaparicion-de-periodista-mario-
solorzano-foppa-u/

http://www.argenpress.info/2014/02/guatemala-mario-solorzano-foppa.html

https://www.texasobserver.org/the-long-road-home/

http://noticiascomunicarte.blogspot.com/2011/07/homenaje-al-periodista-mario-solorzano.html

http://www.albedrio.org/htm/articulos/e/ebarahona-001.html

https://www.youtube.com/watch?v=39NhIPHHGSI&t=218s

DOSSIER DE LA MUERTE O DIARIO MILITAR

https://es.wikipedia.org/wiki/Diario_Militar

https://nsarchive2.gwu.edu//NSAEBB/NSAEBB15/dosier-color.pdf

http://nsarchive.gwu.edu/NSAEBB/NSAEBB363/index2.htm

https://www.scribd.com/doc/25593567/Diario-Militar-Guatemala-a-Color

http://lacunadelsol-indigo.blogspot.com/2012/06/el-dossier-de-los-escuadrones-de-la.html

http://www.prensalibre.com/hemeroteca/ee-uu-revela-existencia-de-diario-militar-secreto

http://memoriavirtualguatemala.org:8080/rest/bitstreams/142/retrieve

http://clas.berkeley.edu/research/human-rights-chasing-ter rors-paper-trail

http://documentslide.com/documents/diario-militar-guate mala-a-color.html

https://elpais.com/diario/1999/05/21/internacional/9272 37620_850215.html

http://cpr-urbana.blogspot.com/2012/01/inaguran-museo-de -los-martires-del.html

https://www.youtube.com/watch?v=VHFA1Z5OS08

https://www.youtube.com/watch?v=ULvFYC4Qp9Q&t= 388s

https://www.youtube.com/watch?v=Rudq0okGLS4

EL REHMI

http://www.derechoshumanos.net/lesahumanidad/informes/ guatemala/informeREMHI-Tomo1.htm

http://www.derechoshumanos.net/lesahumanidad/informes/ guatemala/informeREMHI-Tomo2.htm

http://nsarchive2.gwu.edu//NSAEBB/NSAEBB297/Operatio n_Sofia_lo.pdf

http://nsarchive.gwu.edu/NSAEBB/NSAEBB32/vol2_espan ol.html

FUENTES Y RECURSOS

www.prensalibre.com
books.google.co.uk
noticias.perfil.com
www.academia.edu
revistas.ucr.ac.cr
www.youtube.com
history.state.gov
elpais.com
noticiascomunicarte.blog
lacunadelsol-indigo.blogspot.com
memoriavirtualguatemala.org:8080
clas.berkeley.edu
documentslide.com
elpais.com
cpr-urbana.blogspot.com
www.derechoshumanos.net
nsarchive2.gwu.edu

RECONOCIMIENTOS

Ligia García y García, por su valiosa asesoría en la edición y revisión de este libro.

A quienes compartieron sus experiencias, contactos y fotografías.

Elsa Aguirre, por su valiosa colaboración al recabar información de la Hemeroteca Nacional de Guatemala.

Edmundo Urrutia
Raúl Figueroa Sarti
Sergio Valdés Pedroni

Carlos Figueroa Ibarra
Hugo De León

A las siguientes instituciones,

Grupo Nizkor, del Silencio a la Memoria
Flacso
Memorias de Lucha Revolucionaria en
Guatemala
TRANSDOC
Fundación de Antropología Forense
Hemeroteca Nacional de Guatemala
Hemeroteca de Prensa Libre
elpaisdelosjovenes.com
Revista Actualidad, diario La Hora
Memoria de la Concordia de Guatemala

FUENTES Y RECURSOS

www.prensalibre.com
books.google.co.uk
noticias.perfil.com
www.academia.edu
revistas.ucr.ac.cr
www.youtube.com
history.state.gov
elpais.com
noticiascomunicarte.blog
lacunadelsol-indigo.blogspot.com
memoriavirtualguatemala.org:8080
clas.berkeley.edu
documentslide.com

elpais.com
cpr-urbana.blogspot.com
www.derechoshumanos.net
nsarchive2.gwu.edu

Printed in the United States
By Bookmasters